LE JARDIN

DES

ENFANS.

Quelques fleurs et beaucoup d'amour
Sont notre hommage de ce jour.

LE
JARDIN DES ENFANS,

OU

BOUQUETS DE FAMILLE,

Et Complimens propres à exprimer l'amour et
le respect des Enfans envers leurs Parens, dans
différentes circonstances, telles que Fêtes,
Anniversaires, premiers jours de l'An, etc.

Suivis de quelques modèles de Lettres
convenables à cet âge.

Seconde édition, revue et augmentée.

Enfans, ornez des fleurs les jours de vos parens.

Prix, 20 s. à Paris, et 30 s. franc de port.

A PARIS,

Chez la veuve DEVAUX, libraire, palais du
Tribunat, No. 181.

AN X. — 1801.

AVERTISSEMENT.

Qu'ils sont beaux ces momens où l'on dit à de bons et sensibles parens combien on les aime! Le jour où moitié gai, moitié respectueux, on vient, un bouquet à la main, exprimer les vœux naïfs de son cœur; ce jour est moins encore la fête du père que l'on vient honorer, que celle de l'enfant aimable qui l'attend presque depuis une année. Avec quel plaisir on s'est éveillé le matin de ce jour desiré! Avec quelle joie on a préparé le bouquet, la petite offrande! Comme on s'est dépêché d'apprendre son compliment! et, sur-tout, comme on a bien pris soin de cacher tous ces agréables préparatifs au bon père, qui a cependant tout deviné, et n'en fait pas moins semblant de ne rien savoir ! Tems charmant de l'enfance ! plus tu nous offres de ces instans consacrés à honorer les auteurs de nos jours, plus tu nous ménages pour l'avenir de souvenirs heureux.

C'est donc pour seconder les louables desirs des enfans, et épargner quelque peine à ceux qui les guident, que nous avons recueilli une quantité de complimens, les uns pour une circonstance, les autres pour une autre. Ce livre est, en effet, un *Jardin* où chacun d'eux pourra choisir et cueillir la fleur qui lui convient, et la présenter à un Père respectable, à une bonne Mère, à une Sœur ou à un Frère chéris, à un Protecteur ou à un jeune Ami : ce recueil est assez ample, non pour satisfaire tous les goûts, mais pour remplir toutes les vues. Un compliment qui, par exemple, ne conviendrait pas tout-à-fait, peut, au moyen de quelque léger changement, s'adapter à la circonstance que l'on veut célébrer. Nous avons même eu soin d'en choisir quelques-uns pour cette saison où la nature ne présente aucun de ces dons fugitifs dont on a coutume de faire accompagner l'expression de sentimens plus solides.

Enfin, pour que ce recueil pût être d'une utilité plus étendue, nous l'avons terminé par quelques lettres qui peuvent servir de modèles aux enfans éloignés des auteurs de leurs jours ; ce n'est pas pour qu'ils les copient littéralement que nous les leur offrons ; c'est pour qu'ils en prennent la substance, et pour leur donner la première idée de ce qu'ils sentent bien, mais ne savent pas toujours exprimer :

tel est notre but ; et si notre travail vaut un baiser de plus aux tendres enfans , nous aurons notre récompense ; car c'est quelque chose que d'avoir procuré à quelqu'un une seule minute de bonheur ou de plaisir.

LES BOUQUETS

DE

FAMILLE.

COMPLIMENS, Couplets et petites Scènes pour la Fête d'un Père, d'une Mère, d'un Parent, etc.

DIALOGUE

Entre deux Sœurs, pour la Fête de leur Bonne-Maman.

L'AINÉE.

AIR : *O ma tendre musette !*

RECEVEZ pour hommage
Ces corbeilles de fleurs ;
Sous cette douce image
Nous vous offrons nos cœurs.

Ces fleurs sont naturelles
Et simples comme nous ;
Mais on les rend plus belles
En les cueillant pour vous.

LA CADETTE.

Nos cœurs sont votre ouvrage :
Nous croissons dans ces lieux.
Des grâces de notre âge
Vous amusez vos yeux.
Prévenante , attentive ,
Il semble , chaque jour ,
Que votre main cultive
Les fruits de son amour.

L'AINÉE.

Toujours sensible et chère ,
Devinant nos desirs ,
Votre étude est de faire
Le choix de nos plaisirs.
Les ris , les jeux , la danse
Prennent tous nos instans ;
A la reconnaissance ,
Donnez quelques momens.

LA CADETTE.

Petit présent peut plaire :
Le nôtre a peu de poids ,

D'une tresse légère
Laissez orner vos doigts (1).
Quoique simple et commune,
L'offrande est faite à deux ;
Et la blonde et la brune
Vous donnent leurs cheveux.

L'AINÉE (*à sa Mère, en cas qu'elle soit
présente*).

Mère aimable et chérie,
Vous partagez nos vœux :
Le beau nom de Marie
Est pour nous très-heureux.
Ce nom nous intéresse
Doublement en ce jour :
Chanté par la tendresse,
Qu'il le soit par l'amour.

LA CADETTE.

Pourquoi ce vain partage,
Et d'amour et de rang !
Joignons dans notre hommage
La mère et la maman.
Toutes deux nous sont chères
Et se font adorer :
Ma sœur, ce sont deux mères
Qu'on ne peut séparer.

______

(1) En offrant une bague tressée avec les cheveux des deux
Demoiselles.

BOUQUET

Présenté par deux Enfans à leur Mère.

De deux enfans acceptez cet hommage,
Et n'en attendez rien de plus,
Car l'éloge de vos vertus
Passe les forces de notre âge.
Sans pouvoir mieux nous exprimer,
Nous sentons près de vous le doux plaisir d'aimer.
Nos timides accens célèbrent votre fête :
Que nos mains vous parent de fleurs !
De l'un de nous si la bouche est muette,
De tous deux je suis l'interprète ;
Et ces vers le sont de nos cœurs.

~~~~~~~~~~~~~~~~~~~~~~~~~~~~~

DIALOGUE

Entre un Frère et une Sœur, pour la Fête de leur Mère, dans un tems où il n'y a point d'autres fleurs que des immortelles, dont ils lui présentent une couronne.

LE FRERE.

Air : *Si Pauline est dans l'indigence.*

Je voulais faire une couronne ;
Hélas ! quel sujet de douleurs !
Pour mon cœur s'il n'est point d'automne ,
L'automne a fait périr les fleurs !
Ah ! pourquoi se flétrissent-elles
Avant que ce jour soit venu ?
Mais l'hiver a des immortelles
Pour en couronner la vertu.

LA SOEUR.

Ma chère Maman, mon Frère ayant pris la seule fleur de cette saison, je
~~~~~~~~~~~~~~~~~~~~~~~~~~~~~

n'ai pu, moi, te former ni couronne
ni bouquet, mais

AIR : *Que ne suis-je la fougère !*

Est-ce aux fleurs, à la verdure
A nous fournir des bouquets ?
Non, ce n'est que la nature
Dont j'invoque les bienfaits ;
Du cœur, le simple langage
N'est jamais étudié :
Reçois le mien ; c'est l'hommage
Que vient t'offrir l'amitié.

BOUQUET

D'un Fils à sa Mère.

JE voudrais d'un bouquet honorer votre fête,
Chère maman ; Flore, en cette saison
M'étale avec orgueil les trésors qu'elle apprête ;
Et les fleurs sous sa main s'amassent à foison.
Mais ce n'est point assez pour ma vive tendresse.
Leur forme, leur éclat, leur parfum, leur candeur,
Expriment faiblement mon innocente ivresse,
Et le respect profond que vous offre mon cœur.

AUTRE

D'une Demoiselle à sa Mère.

Air : *Charmante Pastourelle*, ou *O ma tendre musette !*

Maman, toujours chérie
Des plus tendres enfans,
Daigne, je t'en supplie,
Recevoir nos présens.
Au lieu des fleurs nouvelles,
Quand nous t'offrons nos cœurs,
Crois que des cœurs fidèles,
Valent mieux que des fleurs.

En ce beau jour de fête,
Jour pour nous plein d'attraits,
Chacun de nous s'apprête
A chanter tes bienfaits ;
Moi, je crains peu de dire
De trop faibles couplets :
Quand le cœur les inspire,
Ils sont toujours bien faits.

Ce n'est point à l'usage
Que tu dois nos bouquets,

Mais au sincère hommage
De nos cœurs satisfaits.
Pour toi chacun répète,
Dans ses transports d'amour :
« Puissions-nous voir ta fête
» Arriver chaque jour ! »

VERS

Pour la Fête d'un Père.

Qu'est-il besoin de fleurs,
Lorsqu'on fête un bon Père !
Le moindre vent dissipe leurs odeurs,
Et leur éclat ne dure guère.
Mais l'honorer par de tendres respects,
Et dans nos yeux où le doux plaisir brille,
Lui laisser voir les vœux de sa famille,
Voilà pour lui le plus beau des bouquets.

~~~~~~~~~~~~~~~~~~~~~~~~~~~~~~~~~~~~

COUPLETS

Adressés par un Enfant à sa Mère et à sa Sœur le jour de leur Fête, en leur présentant un bouquet pour elles deux.

AIR : *Vous m'ordonnez de la brûler.*

DE deux objets chers à mon cœur,
   C'est aujourd'hui la fête :
Fêter une Mère, une Sœur,
   Exige de la tête.
Je voudrais faire un compliment,
   Et cela m'embarrasse ;
Mais en faveur du sentiment
   A l'esprit faites grace.

En ne vous offrant qu'un bouquet,
   J'agis contre l'usage ;
Mais c'est qu'entre vous à regret
   Je ferais un partage ;
Toutes deux au fond de mon cœur
   Vous régnez sans cesse ;
Et j'aurai trouvé le bonheur,
   Si j'ai votre tendresse.
~~~~~~~~~~~~~~~~~~~~~~~~~~~~~~~~~~~~

~~~~~~

BOUQUET

Pour un petit Enfant, à sa Tante.

Pour votre fête agréez mon hommage,
Et mon respect et mes timides vœux :
    Que peut-on de plus à mon âge ?
Ce superbe flambeau qui brille dans les cieux
Pour la troisième fois luit à peine à mes yeux,
    Et l'ignorance est mon partage :
    Mais ils viendront ces tems heureux,
Dont je ne vois encor que la première aurore,
Où mon timide cœur qui déjà vous honore,
Sentira ce plaisir si pur, si précieux,
Que la nature seule a le droit de connaître,
D'éprouver vos bienfaits et de les reconnaître.

———
~~~~~~

DIALOGUE

Entre deux Enfans, en présentant un bouquet à leur Papa le jour de sa Fête.

LE FRÈRE.

Mon cher Papa, voulant t'offrir un bouquet en ce beau jour de ta fête, ma Sœur et moi, nous avons, chacun de notre côté, cueilli des fleurs. Moi, pour t'eprimer les vœux de mon cœur, j'ai fait choix de *l'Immortelle;* mais ma Sœur prétend, bien à tort sans doute, que son bouquet doit l'emporter sur le mien.

LA SOEUR.

Mon cher Papa, comme dans tous les instans je pense à toi, en éprouvant combien il est doux de t'aimer, la *Pensée* est la fleur que j'ai choisie. Mon bouquet n'est-il pas plus heureux encore que celui de mon Frère ?

LE FRÈRE.

Écoute, ma Sœur, tu ne saurais aimer Papa mieux que moi ; mais au lieu de contester entre nous deux lequel a mieux choisi son bouquet, unissons les nôtres pour les lui offrir ensemble.

LA SOEUR.

Oui, mon Frère, tu as raison ; que la *Pensée* se joigne à *l'Immortelle*, afin de prouver à notre bon Papa que nous ferons constamment des vœux pour son bonheur, et que nous serons toujours unis pour le chérir et l'adorer. Il faut aussi, en lui présentant notre petite offrande, lui faire l'hommage sincère de nos cœurs.

LE FRÈRE.

Tu n'y penses pas, ma Sœur ; nous ne pouvons offrir à Papa que notre bouquet ; car pour lui donner en ce jour notre cœur, il faudrait donc le lui reprendre.

COUPLETS

Pour la Fête d'un Protecteur ou d'une Protectrice.

A I R : *J'avais à peine dix-sept ans.*

J E desirerais d'un bouquet
  Honorer votre fête :
Mon cœur s'occupe du projet,
  Mais mon esprit s'arrête.
Je veux dépeindre vos bontés,
  Et mon pinceau rebelle
Ne peut de tant de qualités
  Faire un tableau fidèle.

J'ai beau tourmenter mon cerveau
  Pour faire votre image ;
J'ai presque achevé le tableau :
  Je demeure au passage ;
Et je vois, malgré la rougeur
  Qui sur mon front s'allume ,
Que vous êtes mieux dans mon cœur,
  Que sous ma faible plume.

BOUQUET

D'un Fils absent, à sa Mère.

Air ; *Je suis Lindor , etc.*

A vous fêter lorsque chacun s'empresse ,
Daignez souffrir que vers votre séjour
J'ose adresser le tribut de l'amour ,
Le cri du cœur , l'accent de la tendresse.

Puissent sur vous veiller les destinées !
Puisse le ciel favorable à mes vœux ,
Nous destinant les jours les plus heureux ,
Par vos vertus calculer vos années !

De vives fleurs j'ornerais votre tête ,
Si le bonheur me portait près de vous ,
Et je dirais, embrassant vos genoux :
Pour moi ce jour est le jour de ma fête.

~~~~~~~~~~~~~~~~~~~~~~~~~~~~~~~~~~~~~~~

VERS

Présentés par des Enfans à la Fête de leur Père.

Dans ces heureux momens où chacun près de
  vous
S'empresse avec plaisir de célébrer la fête
Du plus sensible Père et du plus tendre Époux,
Est-il pour notre cœur volupté plus parfaite ?
Régner dans son ménage en véritable ami ;
Exciter ses enfans à la reconnaissance ;
Douter auquel des deux donner la préférence,
De ces noms si flatteurs de Père et de Mari ;
Entendre répéter par l'Epouse qu'on aime :
« La fête de l'Amant est celle de l'Epoux ;
Recevoir des bouquets offerts par le cœur même ;
Un bonheur aussi grand est bien digne de vous.

~~~~~~~~~~~~~~~~~~~~~~~~~~~~~~~~~~~~~~~

BOUQUET D'HIVER,

A une Mère par ses Enfans.

Notre embarras, Maman, en ce jour tes
  extrême ;
Nous voudrions vous offrir un bouquet,

Mais un bouquet tel que Flore elle-même
N'en puisse point donner de plus parfait.
Or, où trouver ces fleurs par excellence,
Quand l'aquilon exerce ses fureurs ?
Où les trouver ! Elles sont dans nos cœurs.
Ces cœurs remplis d'amour et de reconnaissance,
Pour vous, Maman, ne se glacent jamais ;
C'est le seul bien qu'on possède à notre âge :
En ce beau jour, acceptez-en l'hommage,
    Et nous serons tous satisfaits.

COUPLET

D'une Sœur à son Frère pour sa Fête,
en lui présentant un bouquet d'œillets.

Air : *Je l'ai planté, je l'ai vu naître.*

Pour orner ta tête, mon Frère,
Ma main a cueilli ce bouquet :
C'est peu qu'une fleur printanière ;
Mais mon cœur se joint à l'œillet.

BOUQUET

~~~~~~~~~~~~~~~~~~~~~~~~~

BOUQUET

A un Père par ses Enfans.

Le jour de votre fête est celui de nous tous ;
Vous présenter les vœux des cœurs les plus sin-
    cères,
Nous conformer toujours même à vos moindres
    goûts,
O le plus tendre, ô le meilleur des Pères !
Sera, dans tous les tems, notre emploi le plus doux.

~~~~~~~~~~~~~~~~~~~~~~~~~

COUPLET.

Air : *Du haut en bas.*

Un jeune Enfant
Que peut-il offrir à sa Mère
    D'intéressant ?
Un cœur tendre et reconnaissant ;
C'est toujours la fleur la plus chère ;
Il sait que ce présent doit plaire
    A sa Maman.

————

B

BOUQUET

A une Tante.

Air : *Avec les jeux dans le village.*

Les plus riches présens de Flore,
Le jasmin, la rose et l'œillet,
Du feu d'un cœur qui vous honore,
Ne sont qu'un symbole imparfait.
Des fleurs j'aurais la plus brillante ;
Un jour la voit naître et mourir ;
Mais pour vous, mon aimable Tante,
Mon respect ne doit point finir.

Pour vous rendre un sincère hommage,
Je n'ai point recours à ces fleurs
Qui de l'art ne sont que l'ouvrage,
Et n'ont que de fausses couleurs :
Pour bouquet j'offre une ardeur pure
Qui n'eut jamais rien d'imposteur,
Que vos bontés et la nature
Ont mis pour jamais dans mon cœur.

DIALOGUE.

*Entre un Frère et une Sœur, pour la
Fête de leur Mère.*

LOLOTTE.

Ah, mon Frère ! que ce jour a d'ap-
pas pour moi !

FANFAN.

Ma Sœur, tiens, pose ta main sur
mon cœur : sens-tu comme il bat ?

LOLOTTE.

Eh bien, le mouvement qui fait
palpiter mon cœur est aussi rapide....
Je ne puis définir ce que je ressens....
C'est beaucoup de plaisir... une tendre
inquiétude...

FANFAN.

C'est tout comme moi ; vois-tu, ma
Sœur, c'est la fête de notre chère Maman qui nous cause cette joie et cette
agitation.

L O L O T T E.

Ah, mon Frère ! c'est dans ce beau jour que nous devons lui rendre hommage pour ses bienfaits, lui marquer notre reconnaissance et toute notre tendresse.

F A N F A N.

Depuis long-tems nous soupirons après cette fête chérie.

L O L O T T E.

Je tremble de ne pouvoir exprimer, selon mes desirs, tous les vœux que je fais pour Maman.

AIR : *L'amitié vive et pure.*

Je n'ai pas l'avantage
De parler éloquemment ;
Je n'ai qu'un seul langage,
C'est celui du sentiment.
Quoique l'amitié m'inspire,
Je ne saurais m'exprimer.
Ah ! qu'un autre sache dire,
Pour moi, je sais mieux aimer.

Il me faudrait cependant aujourd'hui un beau compliment.

F A N F A N.

Pour fêter une Mère bonne et sensible, le cœur n'a pas besoin de l'esprit. L'esprit sait rendre l'expression plus jolie ; mais l'expression du cœur est plus touchante. Ainsi, rassure-toi, ma sœur ; quant à moi, je n'éprouve aucun embarras.

Air : *De Claudine.*

Qu'une muse indifférente
Se refuse à mes efforts ,
La nature complaisante
Vient seconder mes transports ;
Comment n'être pas habible
À célébrer ce beau jour?
Je sens que tout est facile
A la tendresse , à l'amour.

D'ailleurs, tu sais, ma sœur , combien Maman est indulgente. Viens lui présenter ce bouquet ; nous l'embrasserons en l'assurant que nous l'aimons de tout notre cœur ; et si elle sourit en nous pressant contre son sein , nous serons les plus heureux enfans.

LOLOTTE, *présentant le bouquet à sa Mère.*

AIR : *La pitié n'est pas de l'amour.*

Pour ta fête, prends cette rose ;
De mon ame elle a la candeur ;
Ce présent est bien peu de chose,
Mais il est offert par mon cœur.
Ne dédaigne pas cet hommage ;
Souris, en voyant mon amour
Emprunter un si faible gage,
Pour célébrer un si beau jour.

FANFAN.

Oui, ma chère Maman, accepte avec plaisir notre petite offrande ; cela nous dédommagera des regrets que nous avons de ne pouvoir mieux te fêter.

AIR : *Que suis-je la fougère !*

Si notre simple langage
Pouvait rendre nos souhaits,
Tu verrais que notre hommage
Egalerait tes bienfaits ;
Mais tel est notre partage,
Que nous savons bien t'aimer,
Sans posséder à notre âge
L'art de pouvoir l'exprimer.

~~~~~~~~~~~~~~~~~~~~~~~

BOUQUET

A une Maîtresse de pension , par ses
Élèves.

AIR : *Ne dérangez pas le monde.*

Des vertus digne assemblage,
Vous qui régissez ces lieux ,
Daignez recevoir l'hommage
De nos cœurs et de nos vœux.
A l'envi chacun s'apprête
A célébrer ce grand jour ,
Où nous consacrons la fête
Du respect et de l'amour.

Venez , riches dons de Flore,
Venez couronner son front ;
Tout l'éclat qui vous décore
Se détruit et se corrompt ;
Mais ces dons de la nature,
La candeur et la bonté ,
Et la vertu la plus pure
Ont moins de fragilité.
~~~~~~~~~~~~~~~~~~~~~~~

Si la loi des destinées
Se pliait à nos desirs,
Vous passeriez vos années
Sur les roses du plaisir;
Et loin que le sort contraire
Osât troubler vos beaux jours,
L'avenir le plus prospère
En prolongerait le cours.

~~~~~~~~~~~~~~~~~~~~~~~~~~

COUPLETS

A une Bienfaitrice ou à une Mère, pour sa Fête.

A I R : *Il faut quitter ce que j'adore.*

Il renaît, ce jour si prospère,
Jour si cher à nos sentimens.
A l'envi fêter une Mère,
C'est le triomphe des enfans.
Tel est l'intéressant hommage
Que vous offre un juste retour;
Mais à ce faible témoignage
Ne mesurez pas notre amour.
~~~~~~~~~~~~~~~~~~~~~~~~~~

En vain, pour ceindre votre tête,
Nous aurions enlacé des fleurs ;
Les vrais tributs d'un jour de fête,
Sont moins des roses que des cœurs.
De nos transports l'heureux délire,
Est plus éloquent qu'un bouquet :
Il peint mieux ce qu'amour inspire,
En vous dévoilant son secret.

Pardonnez notre douce ivresse,
Vous qui causez tous nos plaisirs.
Vous voir et vous chérir sans cesse,
Voilà nos uniques desirs.
Sous vos yeux et sous votre empire,
Nous goûtons un bonheur constant.
Ici, dès qu'un plaisir expire,
Un autre renaît à l'instant.

~~~~~~~~~~~~~~~~~~~~~~~~

BOUQUET

Présenté par des Écoliers à leur Maître.

Tendres objets des soins d'un maître infati-
gable,
De jeunes oliviers croissaient dans un verger.
~~~~~~~~~~~~~~~~~~~~~~~~

Les redresser, les arranger,
Voir leurs rameaux s'étendre, s'alonger,
C'était pour ce cultivateur aimable
Le plaisir le plus agréable.
Survient sa fête ; un de nos arbrisseaux
Adressant la parole à ses jeunes confrères,
S'expliqua, dans sa langue, à peu près en ces mots:
« Chaque jour, inventant mille moyens nouveaux,
Et prodiguant pour nous ses peines les plus chères,
Notre patron, dans ces lieux solitaires,
Nous fait l'unique objet de ses travaux.
Ces doux fruits qui bientôt de nos branches vont
naître,
C'est à lui que nous les devons.
Ces rameaux verts, ces feuillages féconds ;
Emblêmes de la paix donnée aux nations,
Pour la faire toujours connaître,
C'est le produit heureux des soins d'un si bon
maître.
Pénétrés des bienfaits qu'il a versés sur nous,
Faut-il d'un injuste silence,
Dans ce jour de réjouissance,
Payer des soins si vigilans, si doux ?
A l'envi, mes amis, réunissons-nous tous,
Pour acquitter la dette immense
Qu'il est en droit de prétendre de vous. »
A ce discours, nos jeunes arbrisseaux,
Vers leur maître chéri courbèrent leurs rameaux ;
Et mille voix mélodieuses,

Pour célébrer l'objet de leurs timides vœux,
Pénétrant des forêts les routes ténébreuses,
Frappèrent les échos et volèrent aux cieux.
Voilà ces oliviers que votre bienfaisance
Vient combler chaque jour des plus tendres fa-
veurs.
Puissent ces vers, où se peignent leurs cœurs,
Vous prouver en cette occurence ,
Leur amour , leur respect et leur reconnaissance !

<center>~~~~~~~~~~~~~~~~~~~~~~~~~</center>

COUPLETS

D'une petite Fille à sa Mère , le jour de sa Fête.

A I R : *Te bien aimer, ô ma chère Zélie !*

POURQUOI ces fleurs qui couronnent ta tête ?
Pourquoi Papa redouble-t-il d'amour ?
Ah ! tout me dit qu'aujourd'hui c'est ma fête ,
Puisque , maman , c'est la tienne en ce jour.

De ton Enfant , la langue embarrassée ,
Ne peut qu'à peine encore s'exprimer :
C'est dans mes yeux que tu lis ma pensée ,
Et que déjà ta Fille sait aimer.

Mon cœur, Maman, à tes leçons docile,
Sur tes vertus desire se former :
En t'imitant, il me sera facile
De savoir plaire, et de me faire aimer.

VERS

A une Mère, par ses Enfans, le jour de sa Fête.

A notre enfance fortunée,
Lorsque vous prodiguez tant de soins et d'amour,
Pour vous marquer notre tendre retour,
Souffrez que par nos mains vous soyez couronnée,
Maman, et que vos fils chantent, du moins un jour,
Les bienfaits de toute l'année.

COUPLETS

Pour la Fête d'une Institutrice.

AIR *D'Arlequin afficheur.*

Je voudrais peindre éloquemment
Le plaisir qu'inspire ta fête;

Mais

Mais du plus tendre sentiment,
Du moins ma bouche est l'interprète :
Je ne puis, selon mon desir,
Peindre tes soins et ta tendresse ;
Mais je saurai mieux te chérir
Et t'estimer sans cesse.

Je puis, en ce jour desiré,
Te prouver ma reconnaissance,
Chanter tes vertus, ta bonté,
Tes soins pour moi dans mon enfance.
Je garderai le souvenir
De ta morale douce et sage,
Et toujours mon plus grand desir
Sera d'en faire usage.

BOUQUET D'HIVER

D'une Fille à sa Mère.

AIR : *De la pipe de tabac.*

TRÉSORS nés des pleurs de l'Aurore,
Vous n'êtes plus dans nos jardins ;
Enfans de Zéphir et de Flore,
Borée a fini vos destins.

L'Aquilon fane la verdure ;
L'Hiver prépare sa rigueur ;
Tout se flétrit , et la nature
Ne parle plus que dans mon cœur.

Le don d'une fleur passagère
Ajoute-t-il au sentiment ?
Qu'un berger l'offre à sa bergère ,
Elle n'en jouit qu'un moment.
La rose qu'un soleil fait naître ,
Voit-elle deux jours du printems ?
Mais mon cœur , pour vous , ne peut être
Sujet aux caprices du tems.

Recevez-le donc pour hommage ,
Ce cœur , mon unique trésor ;
Il est à vous ; c'est votre ouvrage ;
Vos soins l'embelliront encor.
Aux vertus instruit par ma mère ,
Vos talens sauront l'animer :
Rendez-le digne de vous plaire ;
Il sent comme il doit vous aimer.

~~~~~~~~~~~~~~~~~~~~~~~~~~~~~~~~

COUPLETS

Chantés par une Demoiselle à la Fête
de son Père.

AIR : *Pourriez-vous bien douter encore ?*

CHER Papa , quand chacun s'apprête
A partager votre bonheur ,
Daignez au jour de votre fête ,
Pour bouquet recevoir mon cœur.
Lui seul, de ma tendresse extrême ,
Doit vous assurer en ce jour :
Si ce n'est point là comme on aime ,
Qu'appelez-vous donc de l'amour ?

A vos leçons être fidèle ,
Ne suivre en tout que vos desirs ;
A vous prendre pour mon modèle
Mettre ma gloire et mes plaisirs ;
Vous chérir d'une ardeur extrême ,
Et vous le prouver chaque jour ,
Si ce n'est point là comme aime ,
Qu'appelez-vous donc de l'amour ?

<div align="right">C 2</div>
~~~~~~~~~~~~~~~~~~~~~~~~~~~~~~~~

Auprès de vous, je veux, mon père,
Employer les soins les plus doux ;
Je veux que l'ardeur de vous plaire
Me procure tant de jaloux,
Qu'en voyant ma tendresse extrême,
Chacun me dise dès ce jour :
Si ce n'est point là comme on aime,
Qu'appelez-vous donc de l'amour ?

~~~~~~~~~~~~~~~~

BOUQUET

D'un Enfant à sa Mère.

Pour parer ton sein d'un bouquet,
Maman, j'ai fait choix d'une rose.
Dans la fleur vive et fraîche éclose,
J'imagine voir ton portrait.
Elle est la reine du bocage ;
Toi, n'es-tu pas celle des cœurs ?
L'amour anime ton visage
De ses plus riantes couleurs :
Son parfum, son odeur divine,
De ta bouche vermeille on les sent s'exhaler ;
Tu fais mieux que de l'égaler,
Maman, tu n'as pas son épine.
~~~~~~~~~~~~~~~~

~~~~~~

DIALOGUE

*Entre deux Enfans, pour la Fête de
leur Mère.*

AUGUSTE.

Ma Sœur, vous me paraissez plus
contente aujourd'hui que de coutume.

PAULINE.

Vous ne vous trompez pas : ce jour
a pour moi mille charmes ; je le trouve
même le plus beau de l'année.

AUGUSTE.

Oh ! le joli bouquet ! pourquoi donc
cette riche moisson de fleurs ?

PAULINE.

J'en suis bien fâchée, mon Frère,
mais vous ne le saurez pas.

3
~~~~~~

AUGUSTE.

Comme vous faites la réservée, ma Sœur!

PAULINE.

C'est que vous le méritez, mon Frère.

AUGUSTE.

Des grondes! ah! c'est trop fort. Vous croyez peut-être qu'on n'a pas été aussi prévenant, aussi attentif que vous? apprenez le contraire.

PAULINE.

Que voulez-vous dire?

AUGUSTE.

Que je sais aussi bien que vous, ma Sœur, que c'est aujourd'hui la fête de notre chère Maman, et que je m'apprête à la célébrer de mon mieux.

PAULINE.

Est-il vrai, mon Frère? tu ne m'en disais rien.

AUGUSTE.

Par la même raison sans doute qui t'a rendue si discrète avec moi : tu voulais voir si je songerais à la fête de Maman, sans qu'on m'en avertît ; et moi, je voulais t'éprouver de même. Quand je t'ai vue cueillir ces fleurs, j'ai été ravi de joie.

PAULINE.

Ah, mon Frère ! je ne t'eusse pas pardonné d'avoir oublié ce beau jour ; et je t'embrasserai de bon cœur pour avoir eu la même idée que moi.

AUGUSTE.

Ma Sœur, nous sommes trop unis, pour ne pas avoir qu'une seule offrande ; aussi, je n'ai pas voulu faire un autre bouquet.

PAULINE.

Tu as raison, mon Frère ; unissons-nous de cœur et d'esprit, non-seulement aujourd'hui, mais toujours, afin de mieux plaire à Maman.

AUGUSTE.

Dis-moi franchement, sais-tu quelque chose de joli pour lui réciter à l'occasion de sa fête?

PAULINE.

Tout ce que je pourrais lui dire exprimerait bien faiblement toute la tendresse que j'ai pour elle ; voici cependant un couplet dont j'accompagnerai l'hommage de ces fleurs :

AIR : *La foi que vous m'avez promise.*

Acceptez ces roses nouvelles,
Des mains de la tendre amitié ;
Toutes les offrandes sont belles,
Que le cœur offre de moitié.
Sous tes lois et sous ton empire,
Nous coulons les jours les plus beaux :
T'aimer, Maman, et te le dire,
Sont des plaisirs toujours nouveaux.

(45)

AUGUSTE.

C'est fort bien, ma Sœur.

PAULINE.

Et toi, mon Frère, tu as sans doute
appris quelque compliment?

AUGUSTE.

Un compliment ?... non, voilà ce
que je dirai :

AIR : *Accompagné de plusieurs autres.*

Votre fête, chère Maman,
Ne vient jamais qu'une fois l'an ;
Avec raison je m'en étonne :
Je voudrais qu'on fêtât de plus
Le nom de toutes vos vertus ;
Vous auriez plus d'une patronne.

PAULINE.

Cette vérité, mon Frère, vaut bien
mieux qu'un compliment.

AUGUSTE.

Ma Sœur, ne différons pas plus
long-tems à présenter notre bouquet

5

à notre chère Maman ; car tu as sans
doute , ainsi que moi , une vive impatience de voler dans ses bras , et de
l'embrasser de tout ton cœur.

PAULINE *présentant le bouquet.*

AIR : *La fête des bonnes gens.*

Maman, reçois l'hommage
Du plus pur et tendre amour ;
Il croît avec notre âge ;
Nous le sentons chaque jour :
Avec plaisir je répète
Que je t'aime tendrement :
Ce jour est pour moi la fête,
La fête du sentiment.

AUGUSTE.

Tu sais par ta sagesse
Former des cœurs vertueux,
Et de notre jeunesse
Rendre tous les jours heureux :
Aussi notre cœur s'apprête
A te chérir constamment :
Ce jour est pour nous la fête,
La fête du sentiment.

BOUQUET D'HIVER

D'une Demoiselle à sa Mère.

Nos jardins dépouillés de leur parure antique,
  De la nature expriment la douleur ;
C'est un deuil passager dans le monde physique ;
  Un rien console d'une fleur.
Son éclat dure peu, son prix est si modique !
  Un bien plus rare est un bon cœur.
Qui le sait mieux que toi ? de ce trésor unique
  Tu m'as fait don ; je juge de sa valeur.
Formé d'après le tien, il est constant, fidèle,
Et ne craint pas que, d'un coup de son aile,
    Le tems en éteigne l'ardeur.
    Le tien lui servit de modèle ;
    En fut-il jamais un meilleur ?
De ce bouquet nouveau reçois le pur hommage,
  Tendre Maman, respires-en l'odeur,
Et crois que, dans ces vers, tu ne vois que l'image
    Des vœux formés pour ton bonheur.

~~~~~~~~~~~~~~~~~~~~~~~~~~~~~~~~~~~~

COUPLETS

Chantés par une Demoiselle, à la Fête
de son Père, qui arrive le jour de la
naissance de la Demoiselle.

AIR: *Si Pauline est dans l'indigence.*

Papa, c'est aujourd'hui ta fête ;
C'est aussi celle de nos cœurs :
A te chanter chacun s'apprête,
Et veut te couronner de fleurs.
Pour moi, je leur laisse la rose,
Le myrthe, le jasmin, l'œillet,
La fleur d'orange à peine éclose :
Cent baisers seront mon bouquet.

Oui, je t'aime dès mon enfance :
Quel plaisir plus délicieux !
Et dans l'âge de l'innocence,
Je t'adresse mes tendres vœux.
Je puis chanter avec l'aurore
Et tes vertus et mon bonheur ;
Le soir pour te chanter encore
L'amour vient échauffer mon cœur.
~~~~~~~~~~~~~~~~~~~~~~~~~~~~~~~~~~~~

Dans mon sein quelle douce ivresse !
Je sens des plaisirs ravissans !
Lorsque je te peins ma tendresse,
L'amour fait sonner mes douze ans.
O jour heureux de ma naissance !
Maman , sensible à ton souhait,
Ménagea cette circonstance ,
Et ta Fille fut ton bouquet.

O Mère tendre ! ô Père aimable !
Heureux couple que je chéris !
Réalisez tous deux la fable
De Philémon et de Baucis.
La parque , avec l'or et la soie ,
Filera vos tranquilles jours ;
Les ris , les plaisirs et la joie
Eterniseront vos amours.

BOUQUET

A un Bienfaiteur.

Lorsque l'on veut offrir aux dieux
Un pur encens, un agréable hommage,
Un silence respectueux
Me paraît le plus doux langage.
Vous êtes ici bas leur plus parfaite image ;
Je dois vous honorer comme eux.

~~~~~~~~~~~~~~~~~~~~~~~~~~

COUPLETS

A une Mère par son Fils.

AIR : *O toi qui n'eus jamais dû naître !*

DANS ta solitude chérie,
Ton fils accourt pour te fêter.
Par tes mains sans cesse embellie,
Elle semble t'en inviter :
   Oui, cet asile,
   Fécond, tranquille,
S'est élevé par tes bienfaits ;
   Mais, ô ma mère !
   D'un œil prospère,
Vois aussi mes faibles essais.

Crois en recevant mon hommage,
De ton jardin prendre une fleur.
Ces vers deviennent ton ouvrage,
Puisque tu les dois à mon cœur.
   Dans cet asile
   Fécond, tranquille,
Qui s'enrichit de tes bienfaits,
   Vois, ô ma mère !
   D'un œil prospère,
Vois aussi mes faibles essais.
~~~~~~~~~~~~~~~~~~~~~~~~~~

Tout appelle la jouissance ;
Pour toi , dans ce riant séjour ,
Cérès amène l'abondance ;
Bientôt Pomone aura son tour.
    Si ton asile
    Fécond , tranquille ,
Te rend aujourd'hui tes bienfaits ,
    Plein de tendresse ,
    Ton Fils s'empresse
De t'offrir aussi ces essais.

En parcourant ce lieu champêtre ,
Trop heureux, si quelque plaisir ,
De ces vers que l'amour fait naître ,
Assaisonne ton souvenir !
    Que cet asile
    Fécond , tranquille ,
En te rappelant tes bienfaits ,
    De mon ivresse ,
    De ma tendresse
Te rappelle aussi les essais.

BOUQUET D'HIVER.

Quand le printems de roses se couronne,
Quand sa parure ennoblit nos bosquets,
On peut unir, pour former des bouquets,
Le doux narcisse à la vive anémone ;
Mais quand l'hiver, sombre, pâle et hideux,
Livre la terre aux fureurs de Borée,
La jeune Flore, abattue, éplorée,
Quitte un séjour alors trop rigoureux.
Ce dieu cruel a fait sentir sa rage
Près de l'asile à vos soins confié :
Il a détruit les fleurs de ce bocage ;
Ses noirs frimats ont tout sacrifié.
Dois-je gémir de ce triste ravage ?
Il est un tems bien plus cher à mon cœur,
Que la saison où renaît le feuillage.
Quand vous daignez sourire à mon hommage,
C'est, selon moi, la plus charmante fleur.
Puisse le ciel éloigner la tempête
De ces momens par les plaisirs tissus !
S'il donne un jour des patrons aux vertus,
Tous les matins ce sera votre fête.

COUPLETS

A une Sœur, pour sa Fête, par un Frère qui arrive exprès à cette occasion.

AIR : *Jardinier, ne vois-tu pas?*

Pour pouvoir voler ici,
L'amitié fraternelle
Trouvant l'amour endormi,
L'a dépouillé cejourd'hui
D'un aile, d'une aile, d'une aile.

Oh! c'est bien peu qu'un couplet
Pour une Sœur si belle !
Par mille j'en aurais fait,
Si le grand nombre prouvait
Le zèle, le zèle, le zèle.

~~~~~~

BOUQUET

A une Mère, le jour de sa Fête.

Chere Maman ! quelle douce habitude,
    Que de vivre pour vous aimer !
    Vous plaire est toute mon étude :
    Tous vos soins semblent m'animer.
Lorsqu'en ces lieux où l'allégresse brille,
    Où le bonheur se peint autour de vous ,
Vos timides enfans , votre tendre famille,
    De vous fêter se montrent tous jaloux ;
      Par ses enfantines caresses ,
      L'un exprime ses sentimens ;
L'autre vous peint l'excès de sa tendresse
Par ses baisers sincères , innocens.
      Ce tribut si vrai , si fidèle ,
      Cet hommage vous est bien dû ;
      C'est la fête de la vertu ,
Que le plus tendre amour veut rendre solennelle.

———————
~~~~~~

~~~~~~~~~~~~~~~~~~~~~~~~~~~~~~~~~~~~~

COUPLET

D'un Frère à sa Sœur, en lui présentant une rose pour sa Fête.

AIR : *Avec les jeux dans le village.*

Voici la fleur que pour ta fête
On doit toujours te présenter :
La rose est l'image parfaite
De ce qui te fait adorer ;
Et par le zéphir embellie,
Elle a, dans l'empire des fleurs,
Le rang qu'une Sœur si chérie,
Occupe ici dans tous les cœurs.

~~~~~~~~~~~~~~~~~~~~~~~~~~~~~~~~~~~~~

BOUQUET

A une Grand'Mère, par ses Petits-
Enfans, en lui présentant deux cou-
ronnes.

AIR : *Deux enfans s'aimaient d'amour tendre.*

Étant doublement notre Mère,
Vous avez deux droits bien acquis,

Pour être de plus en plus chère
A vos sensibles petits-fils.
Portez cette double couronne,
Et croyez leurs jeunes sermens :
C'est leur tendresse qui la donne
Pour preuve de leurs sentimens.

~~~~~~~~~~~~~~~~~~~~~~~~~~~~

VERS

D'un petit Enfant à son Père, en lui présentant une Immortelle et une Rose.

J'AI cueilli ce matin,
Dans les jardins de Flore,
Ce bouquet, qu'en son sein
Elle avait fait éclore.
Accepte, en ce beau jour, ce présent de mon cœur;
De ma tendre amitié reçois ces fleurs pour gage.
L'une de sa durée est la vivante image,
Et l'autre peint sa douce et vive ardeur.

———————
~~~~~~~~~~~~~~~~~~~~~~~~~~~~

~~~~~~~~~~~~~~~~~~~~~~~~~~~~~~~~~~

BOUQUET D'HIVER

D'un Fils absent, à sa Mère, en lui envoyant une Pensée.

Si le froid aquilon, rival du doux zéphire,
Sur nos tristes climats exerçant son empire,
A déjà dépouillé les hêtres, les ormeaux,
Séché ces tapis verts qui paraient nos côteaux,
Et privé nos jardins des charmans dons de Flore ;
Si de long-tems enfin nous n'y verrons éclore
Le ravissant émail de tant d'aimables fleurs,
Qui charmaient nos regards par leurs vives cou-
      leurs ,
L'impitoyable au moins respectant la *Pensée* ,
Par son souffle mortel ne l'a point offensée.
Il est vrai que du lys elle n'a pas l'éclat ;
Elle n'a rien du tout qui flatte l'odorat ;
Son nom mystérieux fait tout son apanage.
Sur ses sœurs cependant elle aura l'avantage,
Si , bravant aujourd'hui la distance des lieux ,
Qui , malgré mes desirs, vous dérobent à mes yeux,
Elle arrive demain, Maman, à votre adresse,
Et vous fait part des vœux que ma vive tendresse
Offre sans cesse aux dieux en faveur de vos jours :
Puissent-ils à mon zèle en égaler le cours !
~~~~~~~~~~~~~~~~~~~~~~~~~~~~~~~~~~

COMPLIMENS,

CHANSONS et PETITES SCÈNES

Pour le premier Jour de l'An.

DIALOGUE

Entre un Frère et une Sœur.

JULES.

O MA SŒUR! le beau jour que le jour de l'an!

ADÈLE.

C'est vrai, mon Frère ; je suis bien contente quand il arrive. Il me semble qu'à commencer de ce jour, j'aime encore mieux Papa et Maman qu'en tous ceux de l'année précédente.

JULES.

Cela doit être ainsi, parce que, vois-tu,

ma Sœur, l'amitié qu'on ressent ce jour-là influe sur tout le reste de l'année ; et puis à mesure que nous devenons raisonnables, nous devons mieux aimer nos bons Parens.

ADÈLE.

Oui, ils ont eux-mêmes tant d'amitié pour nous !

JULES.

Nous ne saurions trop les payer de retour. Quant à moi, je ferai en sorte, pendant tout le cours de l'année, que Papa et Maman soient bien contens de moi.

AIR : *Qu'on soit jaloux dans sa jeunesse.*

Ma Sœur, combien je les révère !
Ils sont certains que mon desir
Est de les aimer, de leur plaire
Jusqu'au plus lointain avenir.
Je ferai si bien, par mon zèle,
Par mon ardeur et mes talens,
Qu'on dira d'un accord fidèle :
Il est digne de ses parens.

A D È L E.

Ah mon Frère ! sois assuré que je partage tes sentimens ; et que quels que soient ton respect et ton amitié pour eux , ils ne peuvent surpasser les miens.

J U L E S.

Ne tardons pas plus long-tems à présenter notre petite offrande. Je veux, ma Sœur, te laisser le plaisir de fêter Papa et Maman la première.

A D È L E.

O mon Frère ! je suis bien embar-rassée.

A I R : *Il faut des époux assortis.*

Je voudrais bien, en ce beau jour,
Dire tout ce que mon cœur pense ;
Et malgré mon sincère amour,
Je me sens réduite au silence ;
Car le respect vient m'arrêter,
Et c'est en vain que j'en soupire :
Si ma bouche ne peut parler,
Mon cœur sait bien ce qu'il faut dire.

JULES.

JULES.

Eh bien ! ma Sœur, offrons ensemble notre couronne à Papa et à Maman ; moi, j'essayerai de leur peindre les tendres sentimens que nous avons pour eux. (*Ils présentent leur couronne à leurs Parens.*)

AIR : *Ne dérangez pas le monde.*

Le sentiment nous rassemble
Près de vous, dans ce beau jour,
Pour vous présenter ensemble
Ce tribut de notre amour.
Puissiez-vous, dans notre hommage,
Sans qu'il soit étudié,
Reconnaître le langage
De l'amour et l'amitié !

~~~~~~~~~~~~~~~~~~~~~~~~~~~~

COMPLIMENT

A un Bienfaiteur.

En vain la voix de la reconnaissance
Veut élever ses timides accens ;

D
~~~~~~~~~~~~~~~~~~~~~~~~~~~~

Je sens vers vous tout mon cœur qui s'élance,
Et ses efforts demeurent impuissans.
Telle, en nos prés, une fleur orgueilleuse
Semble vouloir s'élever jusqu'aux cieux,
Pour rendre hommage à la main généreuse
  Que lui donna son être précieux;
Le maître puissant qui régit la nature,
Jette sur elle un regard gracieux,
Et cette fleur que sa bonté rassure,
Courbe sous lui son front respectueux.

Vous êtes, vous, cette main bienfaisante
Qui me soutient et que je dois aimer,
Et je suis, moi, cette timide plante
Qui sait sentir et ne peut s'exprimer.

ÉTRENNES

A un Oncle.

En ce jour où Janus nous ramène l'année,
Par quels vœux puis-je donc, pour votre destinée,
  Intéresser les cieux?
Vivez long-tems, vivez heureux,
Et vous procurerez au plus cher des neveux
  Une existence fortunée.

~~~~~~~~~~~~~~~~~~~~~~~~~~~~~~~~

COMPLIMENT

D'un petit Enfant, à son Papa et à sa Maman.

Si je savais faire un beau compliment,
Je le ferais, et vous verrais sourire
    Au doux tableau du sentiment;
    Mais, hélas! je ne sais que dire :
    J'aime Papa, j'aime Maman !
Puissé-je encore long-tems vous en redire autant,
Et comme dans ce jour, sans tourmenter ma veine,
    Prendre deux baisers pour ma peine !
Voilà mon compliment, d'un bout à l'autre bout;
C'est bien peu pour l'esprit, mais pour le cœur,
    c'est tout.

———
~~~~~~~~~~~~~~~~~~~~~~~~~~~~~~~~

ETRENNES

A un Instituteur.

Ce jour consacré par l'usage,
A tout ce pompeux étalage
D'embrassades, de faux sermens
Et d'insipides complimens,
Est le plus beau des jours de notre vie.
Enfans de la sincérité,
Sans éloge et sans flaterie,
Nous exprimons la vérité.
Les timides vœux de l'enfance
Sont toujours dictés par le cœur;
Et notre âge et notre innocence,
Sont garans de notre candeur.
Puisse le ciel, prolongeant vos années!
Dans le sein du bonheur faire couleur vos jours!
Et que jamais les destinées,
N'en osent terminer le cours!

~~~~~~~~~~~~~~~~~~~~~~~~~~

BOUQUET

A un Père ou à une Mère.

Dans ce jour où mon cœur vous doit un tendre
    hommage,
Recevez de ma main le don de cette fleur.
C'est un présent digne de mon jeune âge,
    Et l'image de ma candeur.
Dans d'autres tems, loin du joug de l'enfance,
Je vous en offrirai de plus beaux, de plus doux,
    Dont je connaîtrai l'importance :
Ce seront les vertus que je tiendrai de vous.

~~~~~~~~~~~~~~~~~~~~~~~~~~

COUPLETS ALLÉGORIQUES

Chantés par un Enfant à son Père adoptif, ou à un Protecteur.

AIR : *Il faut quitter ce que j'adore.*

Sous un ciel pur et sans nuage,
Une vigne, au milieu des champs,
Voyait s'étendre son feuillage,
Et fleurir ses rameaux naissans.

3

Tout-à-coup un cruel orage
En ces lieux souffle sa fureur.
Devant lui vole le ravage ;
Par-tout il porte la terreur.

La vigne faible, chancelante,
Elle-même tremble à son tour :
L'espoir de sa beauté naissante,
Va s'évanouir sans retour :
Hélas ! qu'ai-je fait ? disait-elle :
Sort cruel, laisse-toi fléchir !
Mais le sort, sans pitié pour elle,
L'agitant, elle allait périr.

En entendant sa triste plainte,
Un bel ormeau fut attendri :
Calmez, lui dit-il, votre crainte ;
Moi, je veux vous servir d'abri :
Que vos bras nus et sans feuillage
Enlacent mon tronc vigoureux :
Ainsi, nous braverons l'orage,
Ou nous périrons tous les deux.

Alors la vigne ce confie
A cet ormeau compâtissant :
Dans peu sa tige refleurie
Brave l'aquilon impuissant ;

Par un retour bien équitable ,
Chaque année avec plus d'ardeur,
Elle offre son fruit agréable
A son tendre libérateur.

Quand cette image fut tracée ,
C'est toi qui guidais mon pinceau :
Je fus la vigne délaissée ;
Toi, tu fus le sensible ormeau.
Je dois le soin de mon enfance
A tes vertus, à tes bienfaits ;
Je sens que ma reconnaissance
Pour toi ne s'éteindra jamais.

ÉTRENNES

A une Amie.

Bonjour , bon an , aimable et chère amie !
Bonne santé tout le tems de ta vie !
Que le Très-Haut sur toi répande ses bienfaits ,
Et comble , en tous les tems , tes vœux et tes sou-
   haits !
Quel doux plaisir pour moi, quelles tendres délices,
  De te consacrer les prémices
  Des vœux qui partent de mon cœur !
Si le ciel les exauce , il fera ton bonheur.

COMPLIMENT

A un Bienfaiteur ou à un Père.

J'AURAIS voulu tracer dans le même tableau,
Vos vertus, vos bienfaits et ma reconnaissance.
　　La vérité conduisait mon pinceau ;
　　Le sentiment était d'intelligence ;
　　Mais la raison condamnant mes efforts,
　　Vient m'arrêter d'une main invisible.
Je ne viens point, blâmant d'aussi justes trans-
　　　　ports,
Imposer à ton cœur un silence pénible,
Dit-elle ; mais, crois-tu, fertile en tes projets,
Accomplir dignement ce dessein téméraire ?
Pourrais-tu rassembler avec les mêmes traits
Les volontés d'un Maître et les bontés d'un Père,
Les talens réunis de l'esprit et du cœur,
Sa piété modeste, cette humble candeur
Empreinte sur son front des mains de la nature ?
Non, ne t'en flatte point ; en vain ton cœur mur-
　　　　mure ;
Tu peux sentir le prix de ses tendres bienfaits ;
Mais ton faible pinceau ne les peindra jamais.

~~~~~~~~~~~~~~~~~~~~~~~~~~~~

VERS

Présentés par un Fils à son Père.

QUE vous offrir pour prix de ma reconnais-
    sance ?
Comment vous exprimer la plus fidelle ardeur ?
Que vous offrir, hélas ! sera-ce assez d'un cœur ;
Pour tant de bien reçus dès ma plus tendre en-
    fance ?

~~~~~~~~~~~~~~~~~~~~~~~~~~~~

ÉTRENNES

A un Ami.

DANS ce pays bruyant, comme dans tout le
    monde,
Chacun pour se fêter fait aujourd'hui sa ronde.
    Les faux amis, les froids amans,
    Les bons et les mauvais parens ;
    Enfin à l'envi chacun ose,
    A tout hasard, semer des complimens.

Chez quelques-uns, l'or se métamorphose
En menus dons, en bijoux précieux,
Qu'on donne et qu'on reçoit d'un air affectueux;
Mais pour l'amitié vraie, oh! c'est tout autre
chose.
Ce sentiment sacré brûle au fond de mon cœur;
Et mes vœux adressés près de l'Être-suprême,
Ne demandent rien pour moi-même;
Ils n'ont pour but que ton bonheur.

~~~~~~~~~~~~~~~~~~~~~~~~

BOUQUET

Présenté par un Enfant à une Parente.

Vous possédez mille vertus;
Vous avez les talens, les graces en partage;
Et mes vœux seraient superflus,
Si j'en souhaitais davantage.
Tous les cœurs, en ce jour, vous doivent leur
hommage.
Je ne viens, moi, vous offrir qu'une fleur;
Un timide respect, gages de ma candeur.
Que peut-on de plus à mon âge?
~~~~~~~~~~~~~~~~~~~~~~~~

ÉTRENNES

D'un Fils à sa Mère.

Mon cœur, sans employer de phrases suran-
    nées,
De grands mots, lieux communs, de fade com-
    pliment,
Vous souhaite, Maman, avec le nouvel an,
Un siècle composé des plus belles années.

COMPLIMENT

A un Bienfaiteur.

A vos vertus je n'offre pour hommage
Qu'un cœur sincère et de timides vœux.
L'éloge le plus juste est rejeté du sage.
   Si mon zèle respectueux
Ne m'imposait un pénible silence,
Ce que je sens aurait été dicté
   Par la reconnaissance,
   Confirmé parla vérité.

~~~~~~~~~~~~~~~~~~~~~~~~~~~~~~~

COUPLET

D'un jeune Écolier à son Père.

AIR : *Ne v'là-t'il pas que j'aime?*

J'AI feuilleté mon rudiment
Avec un soin extrême :
J'ai trouvé pour tout compliment,
Amo te, je vous aime.

~~~~~~~~~~~~~~~~~~~~~~~~~~~~~~~

ÉTRENNES

A un Maître de pension.

POUR louer des vertus le plus parfait modèle,
Nous ne tenterons pas d'inutiles efforts :
Trop heureux de pouvoir, d'une bouche fidèle,
Exprimer, en ce jour, nos généreux transports !
L'été sera sans fruits, le printems sans verdure,
L'abeille pour les ifs négligera les fleurs,
Le soleil cessera d'éclairer la nature
Avant que vous cessiez d'être cher à nos cœurs.

Jouissez

Jouissez d'un bonheur et constant et durable !
Que les ris , que les jeux embellissent vos jours !
Qu'à nos tendres desirs le destin favorable ,
D'une si belle vie éternise le cours !

~~~~~~~~~~~~~~~~~~~~~~~~~~~~~~~~~~~~~

BOUQUET

D'un Fils à son Père et à sa Mère.

D'UNE mère le tendre amour
Répand sur son enfant, pendant toute l'année,
Ses bontés et ses dons, comme le premier jour.
   La reconnaissance , à son tour,
   Ne doit jamais être bornée.
   Recevez mes sincères vœux
Pour le plus respectable et le plus tendre Père,
Dont le soin le plus cher est de me rendre heureux,
   Et d'embellir les destins de ma mère.

~~~~~~~~~~~~~~~~~~~~~~~~~~~~~~~~~~~~~

VERS

A un Bienfaiteur.

AH! daignez, dans cette journée,
De mon cœur accepter les vœux.

Au commencement de l'année ,
En vous fêtant je suis heureux.
Que de souhaits je devrais faire
Pour vous payer de vos bienfaits !
Mes vers ne peuvent vous déplaire ;
Ils ont le sentiment pour père,
Et c'est mon cœur qui les a faits.

BOUQUET

Pour célébrer un Anniversaire.

VERS

Pour l'Anniversaire de la Naissance d'une Mère, présentés par son Fils.

Qu'avec transport de ta naissance
Je célèbre l'heureux jour !
Mon cœur, par un juste retour ,
De la vive reconnaissance
Que lui dicte ta bienfaisance,
T'offre le doux tribut par la voix de l'amour.

Tu vis, Maman , pour mon bonheur ;
Et je vis pour t'aimer , pour payer ta tendresse

De tous les sentimens que peut mettre en mon
      cœur
Un amour éclairé, dont la délicatesse
     M'apprend à sentir ta valeur.

~~~~~~~~~~~~~~~~~~~~~~~~~~

BOUQUET

A un Maître de pension, par ses Élèves.

Lorsque de Socrate autrefois
   Reparaissait l'anniversaire,
Ses Disciples, joignant et leurs cœurs et leurs voix,
   Lui souhaitaient un sort prospère.
Ce respectable usage est resté parmi nous ;
   Nous l'adoptons avec ivresse.
Lorsque tout vous sourit, quels vœux notre ten-
     dresse,
Quels vœux peut-elle donc former ici pour vous ?
De jours heureux et longs vos vertus sont le gage;
Vos talens à vos soins promettent le succès :
Votre nom dans nos cœurs ne s'éteindra jamais.
Que vous avez de droits sur le double héritage
   De Virgile et de Cicéron,
Puisque vous unissez, par un rare partage,
La palme de Minerve au laurier d'Apollon !

~~~~~~~~~~~~~~~~~~~~~~~~~~

VERS ET COUPLETS

Pour célébrer une Convalescence.

VERS

Présentés par un jeune Enfant à sa Mère.

Qu'en ce beau jour j'ai de plaisir,
  Chère Maman, à t'offrir cette rose !
Elle est fraîche et jolie : à peine est-elle éclose
  Du premier souffle du Zéphir.
Dans mes bras enfantins permets que je t'enlace,
  En t'offrant ce léger présent,
  Et que de mes mains je la place
  Sur ton corset, en t'embrassant.

Des maux que tu souffrais, que j'étais affligée !
Mais, grace à nos soupirs, la fortune est changée.
Ah ! si mes pleurs avaient pu te guérir !
Tu connais bien l'excès de ma tendresse ;
Rien n'aurait pu les calmer, les tarir.
Ces larmes sur ta couche auraient coulé sans cesse:
  J'aurais préféré d'y mourir.

Mais que mon ame est plus contente !
Je ne crains plus rien pour tes jours ;
Ta santé n'est plus chancelante.
En cet heureux état conserve-la toujours.
Vis pour nous aimer tous, dans ce charmant asile.
O Maman ! tu connais mes sentimens, mon cœur ;
Jamais il ne fut plus tranquille :
Te plaire et t'obéir sera tout mon bonheur.

AUTRES

Présentés par un Fils à son Père, au nom de tous ses Enfans.

J'AI vu l'instant où la Parque ennemie,
De vos jours ébranlés allait trancher le cours :
Les vœux de vos Enfans vous ont rendu la vie ;
Puisse-t-elle durer toujours !
Mais du Dieu tout-puissant la sagesse infinie,
Au gré de sa bonté nous dispense le jour :
Il met des bornes à la vie ;
Il n'en met pas à notre amour.

3

COUPLETS

Pour la Convalescence d'une Mère.

Air : *Heureux habitans des campagnes.*

Votre heureuse convalescence
Dissipe enfin notre douleur.
Puisse le Ciel, par sa puissance,
Vous donner des jours de bonheur!
Il vous rend à notre prière,
A nos tendres embrassemens ;
Aimer une si bonne Mère,
C'est le bonheur de vos Enfans.

Vous avez de notre jeune âge
Partagé les ris et les jeux :
Votre morale douce et sage,
Rendit pour nous ce tems heureux.
De notre bruyante jeunesse
Vous aimiez les jeux innocens :
Une bonne Mère sans cesse
Veille aux plaisirs de ses Enfans.

Il a fui le tems de l'enfance ;
Cet âge heureux et fortuné

A fait place à l'adolescence ;
Mais notre cœur n'a point changé :
Son amitié toujours sincère
Se guide par nos sentimens :
Ah ! vous êtes si bonne Mère ,
Qu'on sera toujours vos Enfans.

COMPLIMENS,

COUPLETS et PETITES SCÈNES

Pour différentes circonstances.

COUPLETS

D'une Demoiselle à sa Mère , en lui offrant un bouquet composé de violettes et d'immortelles.

Cette humble fleur, jalouse de te plaire,
Dans ce beau jour ose aussi se montrer ;
D'une amitié qui doit toujours durer,
Reçois ce gage et modeste et sincère.

Pour ton bouquet, reçois ces immortelles :
Pourrais-je en faire un plus aimable emploi ?
C'est l'amitié qui les cueillit pour toi,
Et mon amour doit durer autant qu'elles.

~~~~~~~~~~~~~~~~~~~~

ÉTRENNES

D'un petit Enfant, à son Papa et à sa Maman.

Dans ce jour où chacun, en termes éphémères,
Prodigue à l'amitié les tributs les plus doux,
Je fais pour toi, Papa, mille vœux tendres, sin-
céres.
Bonne et tendre Maman, j'en fais autant pour
vous.

~~~~~~~~~~~~~~~~~~~~

COUPLETS

D'une Demoiselle à une Amie, le jour de sa Fête.

Air : *Charmante Gabrielle !*

Je veux fêter Hélène ;
Il m'en coûtera peu :

Couplets se font sans peine ,
Quand le cœur est en jeu.
Vais-je disant : Je l'aime
   Comme ma sœur ,
Chacun le dit de même
   De si bon cœur !

L'amitié la plus tendre
A veillé sur ses jours :
Son charme en sait étendre
Et prolonger le cours :
Chère Hélène, je t'aime
   Comme ma sœur ;
Toi, chéris-moi de même
   De tout ton cœur.

Puisses-tu voir renaître
Cent fois ce jour chommé,
Et sans cesse connaître
Le plaisir d'être aimé !
C'est le vœu de qui t'aime
   Comme une sœur ,
Et t'aimera de même
   De tout son cœur.

~~~~~~~~~~~~~~~~~~~~~~~~~~~~~~~~

VERS

D'une Demoiselle à sa Mère, en lui
envoyant, pour Étrennes, un ouvrage de tapisserie.

La politesse mensongère,
Ses grands mots, son zèle et ses vœux,
Sont une étrenne assez légère ;
Ah ! Maman doit attendre mieux.
Tous les propos de bonne année,
Avant la fin de la journée,
Seront bien loin de votre esprit ;
Mais vous vous souviendrez, je gage,
De la main qui fit cet ouvrage,
Et de celle qui vous l'offrit.
~~~~~~~~~~~~~~~~~~~~~~~~~~~~~~~~

~~~~~~~~~~~~~~~~~~~~~~~~~~~~~~

BOUQUET

D'un Frère à sa Sœur, qui s'appelait Rose.

AIR : *Vive le vin ! vive l'amour !*

La rose est la reine des fleurs :
On est charmé de ses couleurs ;
Mais son éclat est peu de chose.
Nous la voyons à peine éclose,
Que l'on peut prédire sa fin :
Toi, tu n'es pas la fleur d'un seul matin ;
Tu seras long-tems une Rose.

~~~~~~~~~~~~~~~~~~~~~~~~~~~~~~

COUPLET

Pour la Fête d'une Mère.

AIR : *Il faut quitter ce que j'adore.*

Vous voyez que chacun s'apprête
A célébrer en ce beau jour
Et vos vertus et votre fête,

6

Par le tribut de son amour ;
Mais dans ce concert unanime,
Qui doit faire votre bonheur,
A la tendresse qui l'anime,
Daigne reconnaître mon cœur.

Hier, au lever de l'aurore,
J'entre dans nos charmans bosquets :
Parmi les heureux dons de Flore,
Je cueille les plus beaux bouquets.
« Sont-ce là des fleurs dignes d'elle,
» Me dit Flore d'un air badin ?
» Il n'est, crois-moi, que l'immortelle
» Qu'on puisse placer sur son sein. »

~~~~~~~~~~~~~~~~~~~~~~~~~~~~~~~~

BOUQUET

A une Cousine.

Belle Cousine, en songeant à ta fête,
Mille projets divers se formaient dans ma tête.
Tantôt Flore à mes yeux étalant ses trésors,
Terpsichore à mes sens prodiguant ses accords,
S'offraient l'une après l'autre à mon ame incer-
      taine ;
  Mais conservant l'égalité,
  La balance augmentait ma peine
   Et ne penchait d'aucun côté :
~~~~~~~~~~~~~~~~~~~~~~~~~~~~~~~~

L'amitié, desirant apporter du remède
       A mon indiscret embarras,
Du haut des cieux accourut à mon aide,
Pour me tirer d'un si dangereux pas.
« Mon jeune ami, me dit cette Déesse,
En fade soupirant, je te vois t'égarer.
Zulmis est ta cousine et non pas ta maîtresse.
Elle n'exige point ces preuves de tendresse,
Ces concerts, ces bouquets dont tu veux l'honorer.
D'un présent plus solide il faut la décorer.
C'est d'un cœur franc que tu lui dois l'hommage :
Qu'un vif attachement en soit tout l'apanage ;
Et que de son mérite uniquement épris,
L'estime la plus pure en relève le prix ;
Alors de ton bouquet je tire bon augure.
Ta cousine en sera contente ; je le jure. »
J'obéis : qui pourrait refuser l'amitié ?
Je fonde sur sa foi mon bonheur et ma joie.
       Puisque c'est elle qui m'envoie,
Daigne au moins de mes vœux me rendre la
       moitié.

~~~~~~

COUPLETS

D'une petite Fille à sa Maman, le
jour de sa Fête.

Air : *D'un bouquet de romarin.*

Pour vous célébrer, Maman,
   Ici tout s'apprête :
Je voudrais de ce ruban
   Orner votre tête.
C'est le tribut de mon cœur ;
Pour vous il est plein d'ardeur.
Grand Dieu ! quel est mon bonheur
   En ce jour de fête !

Je ne puis de grands présens
   Vous faire l'emplette,
Et pour de longs complimens
   Je suis trop jennette ;
Mais recevez en ce jour
L'hommage de mon amour,
Et payez d'un doux retour
   Mon ardeur parfaite.

———————
~~~~~~

BOUQUET

A une jeune Demoiselle.

Charmante Adélaïde, au beau jour de ta fête,
Reçois mon amitié, mon estime parfaite.
Je n'ai point de bouquet, par pitié pour les fleurs ;
Ton teint effacerait leurs plus vives couleurs.

COUPLET

D'un petite Fille à sa Mère, pour le jour de sa Fête.

Air : *Du petit matelot.*

Voici la fête de Louise ;
Voici la fête de mon cœur :
Mon bouquet aura pour devise
Tendresse, respect et bonheur.
Sur tes lèvres, maman Lisette,
Laisse errer un tendre souris :
Accepte ces fleurs d'Henriette,
Et qu'un baiser en soit le prix.

VERS

A une Mère, pour l'Anniversaire de sa Naissance.

A Rome, quand les Dieux, jadis,
A quelques puissans personnages
Accordaient la faveur d'une fille ou d'un fils,
Sur ses heureux destins on formait des présages;
Mais la seule amitié veut célébrer ce jour,
Chère Maman, où vous êtes née,
Et dont nous voyons le retour
Comme l'on voit celui des beaux jours de l'année.
Attraits touchans, talens divers,
Tout vous fut prodigué par les enchanteresses
Dont la main vous combla, dans ces jours de lar-
gesses,
Des dons que nous voyons épars dans l'univers.

———

COUPLETS

A une Demoiselle pour sa Fête.

Air : *Que l'on goûte ici de plaisir !*

Flore a déployé ses couleurs
    Au sein de nos parterres ;
Chargés de ses plus belles fleurs,
    Amis, bergers, bergères,
Nous accourons tous en ce jour,
    Au son de la musette,
En couronner à notre tour
    La tête de Rosette.

Mais nos soins étaient superflus,
    Adorable Rosette :
A quinze printems révolus,
    On est tendre fleurette.
La gentillesse et la gaîté
    Par-tout suivent tes traces ;
Et tu sais joindre à la beauté
    Les talens et les graces.

Sur un teint d'albâtre et de lys,
    Combien de fleurs écloses !

C'est la fraîcheur , le coloris ,
  Le tendre éclat des roses !
Mille agrémens , esprit, douceur ,
  Charmes de la figure....
Mais nous admirons dans ton cœur
  Ta plus belle parure.

VERS

D'un Enfant étudiant dans une Pension à sa Mère , pour sa Fête.

L'un de ces jours, rêvant sur le bord de la Seine,
Je songeais, ô ma Mère! à ta fête prochaine;
Je rappelais cette douce volupté
Que me donne ce jour aux plaisirs apprêté ;
Et pour premier essai d'une muse naissante ,
Je voulais te tracer une œuvre chancelante.
« Insensé ! que fais-tu ? me dit le Dieu des vers ,
» En jetant sur ma plume un regard de travers.
» C'est à des nourrissons qu'un plus long âge
      éclaire ,
» Que de ce champ d'honneur j'entr'ouvre la
      barrière. »
A ce sévère arrêt, mon cœur est consterné :
Je lui réponds ces mots d'un ton passionné :
« Je voulais d'une Mère en qui je vis, que j'aime,

Chanter, pour ses enfans, la bienveillance
    extrême,
Et de ses sentimens louer la pureté. »

En ce cas, je t'accorde entière liberté,
Reprit le Dieu plus doux; pour le vœu qui t'anime,
Je veux que les neuf sœurs te fournissent la rime.

~~~~~~~~~~~~~~~~~~~~~~~~~~~~~~~~~~~~~

BOUQUET DE PRINTEMS

A une jeune Demoiselle, pour le jour de sa Fête.

Vers les antres du nord l'hiver fuit en courroux,
Et déjà le soleil lance un rayon plus doux.
Sur son humble buisson la rose renaissante
Développe l'éclat de sa pourpre brillante ;
Et le Dieu du printems, aux portes du matin,
Vient sourire à la terre, et parfumer son sein.
Eglé, dans ses beaux jours, que la nature est belle !
Vous lui prêtez encor une grace nouvelle ;
Vous ajoutez un charme à de si doux instans.
Le jour de votre fête est un jour de printems.
Eh ! qu'importe en effet, lorsque rien ne nous lie,
Que la nature expire, ou renaisse embellie ?
Il faut qu'un intérêt plus vivement senti
Ouvre sur ses beautés notre œil appesanti :
~~~~~~~~~~~~~~~~~~~~~~~~~~~~~~~~~~~~~

Il faut que l'amitié, que la tendresse même....
Que sais-je? rien n'est beau qu'autant que le cœur
    aime.
Nos plaisirs et nos goûts sont l'ame de nos sens,
Et la nature échappe aux yeux indifférens :
Elle me plait par vous, et m'en plait davantage.
Eglé, j'aime les fleurs dont je vous rends hom-
    mage ;
Sans le tendre intérêt d'en parer votre sein,
Leur fraîcheur, leur émail n'eût point tenté ma
    main.
Elles ont plus d'éclat quand l'amour les mois-
    sonne ;
Heureux qui les reçoit ! plus heureux qui les
    donne !
Mais plaignez le mortel qui, seul dans son ennui,
Va cueillir une fleur, et la garde pour lui.

COUPLETS

D'un Enfant à son Père, pour le premier Jour de l'An.

A i r : *Réveillez-vous, belle endormie.*

Vous m'avez donné la naissance ;
Et puisque je vous dois le jour,

Je veux, par mon obéissance,
Vous prouver quel est mon amour.

Quels vœux formerai-je, mon Père,
Qui puissent vous faire plaisir ?
Si j'ai le bonheur de vous plaire,
Mon ame n'a plus de desir.

~~~~~~~~~~~~~~~~~~~~~~

BOUQUET

A une Mère, le jour de sa Fête.

Air : *N'en demandez pas davantage.*

Vous embrasser, et d'un bouquet
Vous offrir la touffe fleurie,
C'était mon unique projet,
Pour vous fêter, Mère chérie !
  Ses vives couleurs
  Valent moins que les fleurs
Dont vous embellissez ma vie.

Que le ciel veille sur les jours
Dont il a fait votre partage !
Et puissé-je en charmer le cours
Par mon respect et mon hommage !
  Et mon tendre cœur,
  Plein de son bonheur,
N'en demande pas davantage.
~~~~~~~~~~~~~~~~~~~~~~

~~~~~~~~~~~~~~~~~~~~~~~~~~~~~

COMPLIMENT

D'un petit Enfant à sa Mère.

Pour vous remercier des soins de mon enfance,
Je ne sais pas encor assez bien m'exprimer ;
Mais je sais déjà vous aimer,
Et mon cœur vous répond de ma reconnaissance.

~~~~~~~~~~~~~~~~~~~~~~~~~~~~~

COUPLETS

Pour la Fête d'un Ami.

Air : *Chantez, dansez.*

Enfin voici ce jour heureux,
Ce beau jour marqué pour ta fête !
Je suis au comble de mes vœux ;
Pour toi ma muse est toujours prête ;
Rien n'est plus aisé qu'un couplet,
Quand c'est l'amitié qui le fait.

Que les plaisirs les plus charmans
Embellissent toujours ta vie !

Que ta fête, objet de mes chants,
De beaucoup d'autres soit suivie !
Tels sont les souhaits d'un ami
Qui ne t'aime point a demi.

~~~~~~~~~~~~~~~~

ÉTRENNES

A une Mère.

S'IL se pouvait que nos hommages
De nos ans réglassent le cours,
Ah, Maman ! l'on verrait tes jours,
Ainsi que tes vertus, briller dans tous les âges.

~~~~~~~~~~~~~~~~

REMERCIEMENT

D'une Demoiselle à sa Protectrice, en la quittant.

PAR vos tendres bontés près de vous accueillie,
Pour la dernière fois j'ose les implorer.
Mon bonheur le plus pur fut de les inspirer.
Je veux peindre, en partant, dans toute leur can-
    deur,

Mon respect , mes regrets et ma reconnaissance ,
Ces sentimens profonds que votre bienveillance
D'un trait ineffaçable a gravés dans mon cœur.

BOUQUET

A un Ami ou à une Amie.

A peine , ce matin , l'amante de Céphale
Pour ce chasseur charmant avait versé des pleurs,
Que j'ai volé, d'une ardeur sans égale ,
Sur l'Hélicon pour vous cueillir des fleurs.
  Mon zèle les a fait éclore ;
Veuille le ciel que , dix lustres encore ,
Je vous en puisse offrir dont les vives couleurs
Égalent les transports qui pénètrent nos cœurs !
  Que tout réponde à mon attente !
Que mon bouquet pour vous ait toujours mille at-
  traits !
  Que la pensée y soit brillante !
Que le triste souci ne s'y trouve jamais !

COUPLETS

COUPLETS

Pour la Fête d'une Mère.

Air *Du Vaudeville du Sorcier.*

Pour nous tous, ô Mère chérie,
Que ce beau jour a d'agrémens !
Le nom, le seul nom de Marie
Fait naître tous les sentimens.
Chacun, Maman, ici s'apprête,
Chacun, s'apprête en cet instant
A chanter tant ! (*cinq fois.*)
Pour mieux célébrer votre fête,
Le plaisir sera de moitié
Dans les frais que fait l'amitié.

Les beaux bouquets que tu composes,
O Flore, n'ont qu'une saison :
Tous tes œillets, toutes tes roses,
Ne valent pas une chanson.
Chacun, Maman, ici s'apprête,
Chacun s'apprête en cet instant
A chanter tant ! (*cinq fois.*)
Pour mieux célébrer votre fête,
Le plaisir sera de moitié
Dans les frais que fait l'amitié.

F

Applaudissez à notre hommage ;
Dans tous nos cœurs il est écrit ;
De la tendresse il est l'ouvrage :
Elle inspire mieux que l'esprit.
Chacun , Maman , ici s'apprête ,
Chacun s'apprête en cet instant
A chanter tant ! (*cinq fois.*)
Pour mieux célébrer votre fête ,
Le plaisir sera de moitié
Dans les frais que fait l'amitié.

~~~~~~~~~~~~~~~~~~~~

BOUQUET

Pour la Fête d'une Sœur.

Si je savais tourner avec adresse ,
Pour te fêter , quelques jolis couplets ,
Je chanterais ton esprit , ta sagesse ,
Ta voix charmante , et tes rares attraits ,
Et les plaisirs qui volent sur tes traces ;
Mais je puis bien t'avouer sans détour
Que , pour chanter la plus belle des graces ,
On a besoin du pinceau de l'amour.

————
~~~~~~~~~~~~~~~~~~~~

PETITE SCÈNE

Pour la Fête d'une Dame respectable.

DAPHNIS.

Sur ces gazons que fais-tu, ma bergère ?
A ton amant destines-tu ces fleurs ?
Veux-tu qu'elles puissent me plaire ?
Prête-leur donc l'éclat de tes couleurs.

CHLOÉ.

Non, ce n'est pas pour toi que ce bouquet s'ap-
    prête ;
Mais ne va pas t'en irriter.
De Clarice demain on célèbre la fête ,
Et je vais le lui présenter.
Elle mérite bien ce gage
Du plus respectueux amour ?

DAPHNIS.

Oui, sans doute ; et je veux , avant la fin du jour,
Présenter aussi mon hommage.

CHLOÉ.

Tout en elle est fait pour charmer.
Mais, hélas ! qu'irai-je lui dire ?

En vain je voudrais exprimer
Les sentimens qu'elle m'inspire ;
Le cœur s'y perd. On ne peut que l'aimer.

DAPHNIS.

Puisque le hasard nous rassemble ,
Tu vas m'aider à cueillir quelques fleurs ,
Avant que le soleil ternisse leurs couleurs.
Nous les présenterons ensemble ;
Ces bouquets que n'a point formés la main de l'art,
Et tels qu'on les fait au village ,
Seront la véritable image
De nos cœurs simples et sans fard.

COUPLETS

Pour la Fête d'une Mère , chantés par son Fils , le jour de Sainte-Anne , sa Patronne.

AIR : *Lise chantait dans la prairie.*

Du Dieu des vers, dans mon délire ,
Je voulais emprunter le ton ;
Je tâchais d'accorder ma lyre
Aux tendres accens d'Apollon ;

Mais, Maman, pour chanter ta fête,
Le cœur sert mieux que l'Hélicon :
Ma voix de mon cœur interprète
Chantera, chantera la gloire d'Annete.

Dans les solitaires retraites,
Je me promène quelquefois.
Des rossignols et des fauvettes
L'autre jour j'enviais la voix :
J'essayais de chanter ta fête ;
Soudain le tendre écho des bois,
De mon cœur fidèle interprète,
Répéta, répéta le doux nom d'Annete.

Les myrthes ont cessé d'éclore,
Les roses perdent leurs odeurs ;
Et dans nos champs l'aimable Flore
Laissait flétrir toutes ses fleurs ;
Maman, pour embellir ta fête,
Elle ranime leurs couleurs,
Et vient, de mon cœur interprète,
Couronner, couronner la tête d'Annete.

Ah ! si mes vers peuvent te plaire,
Dans tes vertus est mon talent ;
O tendre et respectable Mère !
Accepte mon premier accent.

Ma voix n'est pas encore faite ;
Car j'ai deux lustres seulement ;
Ah ! si l'âge me fait poète,
Tous mes vers, tous mes vers seront pour Annette.

~~~~~~~~~~~~~~~~~~~

BOUQUET
A une Amie.

Aimable amie ! en ce beau jour
Mon amitié qui vaut l'amour,
Voudrait bien célébrer ta fête.
Au Dieu des vers je fais des vœux ;
Je lui présente ma requête
Pour m'inspirer le langage des Dieux ;
Mais l'ingrat, sans pitié, de sa divine lyre
Me refuse les accords.
Si ce n'est pas lui qui m'inspire,
Qui donc guidera mes transports ?
Eh bien, Phœbus, ne t'en déplaise,
D'un sentiment plus beau je recevrai la loi.
Mon cœur seul va parler ; que mon esprit se taise.
Reçois donc pour présent une vivante fleur,
Mon sincère, mon tendre cœur.
Sur tout autre ce don aura la préférence,
S'il goûte près de toi les charmes les plus doux,
C'est un secret pour les jaloux ;
Pour toi c'est une confidence.
~~~~~~~~~~~~~~~~~~~

COMPLIMENT

D'un petit Enfant à son Père.

Ce n'est point, cher Papa, mon esprit que j'im-
    plore ;
Sans lumières, hélas ! il ne saurait encore
    Former des chants dignes de vous.
Mais de ses sentimens mon jeune cœur jaloux
    Préfère aux doux présens de Flore
Le plaisir enchanteur de dire à vos genoux :
    Je vous révère et vous adore.

BOUQUET

A une Mère, le jour de sa Fête.

Je ne viens point, Maman, au beau jour de ta fête,
Parer ton sein de fleurs, en décorer ta tête ;
Tu n'aurais pas besoin de ces dons étrangers,
Pour soumettre à ton char rois, princes et bergers.
Ton esprit et ton ame ornés par la nature,
    Servent bien mieux à ta parure.

VERS

A une Dame, le jour de l'Anniversaire de sa Naissance.

On vous ébauchait en automne,
On vous finit pendant l'été ;
Vous pourriez ressembler à Cérès , à Pomone ;
Mais à dire la vérité ,
Vous tenez de plus près à Flore qu'à personne.
Tout l'univers fit son devoir
Au moment où vous êtes née ;
Le soleil s'arrêta pour vous mieux recevoir ;
Et depuis, la terre étonnée
A trouvé que les jours les plus longs de l'année ,
Sont encore trop courts pour vous voir.

COUPLETS

A une Mère, le jour de sa Fête.

AIR : *Réveillez-vous, belle endormie.*

MAMAN, dans ce jour de ta fête,
Selon l'usage des rimeurs,
A Flore, pour orner ta tête,
Je n'irai point ravir ses fleurs ;

Ou bien, te comparant aux graces,
Dans un madrigal ennuyeux,
En foule enchaîner sur tes traces
Les ris, les plaisirs et les jeux ;

Ou sottement à ta patronne,
Avec emphase t'égaler :
Tu ne ressembles à personne :
Heureux qui peut te ressembler !

~~~~~~~~~~~~~~~~~~~~~~~~~~~~~~~~

VERS

D'un Fils à sa Mère.

Tous les jours faire des heureux
Est votre unique envie ;
On nous verra passer la vie,
Vous, à voler au-devant de mes vœux,
Et moi, d'une Mère chérie
A célébrer le cœur trop généreux.

~~~~~~~~~~~~~~~~~~~~~~~~~~~~~~~~

BOUQUET

A une Sœur.

De l'amitié reçois le gage,
Ma chère Sœur, ce sont des fleurs ;
Elle t'offre ce pur hommage ;
L'amour te doit celui des cœurs.

COUPLETS
Pour la Fête d'une Mère.

Air *Du Vaudeville de Tom-Jones.*

Enfin le sort, pour combler notre envie,
    Nous réunit à vos genoux;
Il est bien doux de vous devoir la vie,
    Plus doux de vivre auprès de vous.
Mieux que le sang votre bonté nous lie,
    Et nous doutons en vous voyant,
    Si c'est la mère ou bien l'amie
    Qu'on chérit le plus tendrement.

En vous l'esprit, la douceur et la grace
    Sont d'accord pour charmer les cœurs;
Sur chaque instant que près de vous on passe,
    Vous semez de nouvelles fleurs;
Selon nos vœux, votre amitié touchante
    Se répand sur chacun de nous :
    Chacun de sa part se contente,
    Et jouit de celle de tous.

Nous ignorons dans notre trouble extrême,
    Si nos efforts vous auront plu;
Par grace, au moins n'accusez que vous-même,

Du peu de succès qu'ils ont eu;
Chacun de nous avait perdu la tête :
Sur vous tous les yeux sont tournés :
On vous préparait une fête,
Et c'est vous qui nous la donnez.

BOUQUET

D'un Fils absent, à sa Mère, en lui envoyant des Soucis.

Il est dans mon jardin bien peu de fleurs écloses,
Et bien peu dont le choix puisse flatter mes yeux.
Maman, il fut un tems où je t'offrais des roses :
L'amitié les cueillait, j'en ornais tes cheveux;
    Mais il n'est plus ce tems heureux !
    Ce bouquet te peindra, j'espère,
    Et mes chagrins et mes ennuis :
    Un tendre fils loin de sa mère,
    N'a plus, hélas ! que des *soucis*.

LES QUATORZE ANS

D'UNE DEMOISELLE,

Présentés pour Étrennes à ses Parens.

A I R : *Il faut des époux assortis.*

Dieu soit béni ! ce jour de l'an
Me vaut d'assez bonnes étrennes :
Vous savez qu'en ce jour charmant
Chacun donne et reçoit les siennes.
Devinez les miennes, Maman ;
C'est un présent de conséquence
Qui m'arrive dans le moment,
Et dont je connais l'importance.

Je le tiens de la main du tems,
Ce joli présent qui m'enchante :
C'est un bienfait des plus charmans ;
Il vaut son prix, et je m'en vante.
Quelqu'un dira : c'est la raison.
Non ; car au printems de mon âge
Et dans ma première saison,
Grace à vous, je l'eus en partage.

D'autres diront, mais par erreur,
Que c'est le goût de la retraite ;
Que le plaisir est pour mon cœur
Un tems perdu que je regrette.
C'est se tromper ; car, entre nous,
Du plaisir je sens la puissance :
Maman, quand je suis près de vous,
Il embellit mon existence.

Ainsi ce n'est point tout cela
Qu'en ce jour-ci j'ai pour étrenne ;
Le présent dont je parle là
Mérite que je vous l'apprenne.
Le dirai-je enfin ?... Pourquoi pas ?
Ai-je à rougir de l'aventure ?
Ce sont mes quatorze ans, hélas !
Que je reçois de la nature.

Quatorze ans ! c'est un joli don :
Je veux en faire un bon usage.
A l'amour, comme de raison,
Ne dois-je pas en faire hommage ?
Oui, cher Papa, chère Maman,
C'est l'âge heureux de la tendresse ;
Je vous consacre en ce moment
Mes vœux, mon cœur et ma jeunesse.

PETITE SCÈNE

*Pour la Fête d'un Père, le jour de
Saint-Nicolas.*

CHARLES.

Ma soeur, nous avons parcouru tous les bosquets du jardin, en cherchant des fleurs, afin d'en former un bouquet pour la fête de notre Papa ; mais nos peines ont été inutiles. Hélas ! il n'y a plus rien qui soit digne de lui être présenté.

VIRGINIE.

Comment donc ferons-nous pour célébrer la fête de ce bon père ? que lui offrirons-nous enfin pour gage de notre amitié et de notre tendresse ?

THÉODORE.

Il me vient une idée : Tu sais bien ce joli *nid* que j'ai trouvé cet été, et dont je suis parvenu à prendre le père et la mère?

VIRGINIE.

Eh bien ! que veux-tu faire ?

THÉODORE.

Ma sœur, je le présenterai à papa, et ce sera là mon offrande.

CHARLES.

Tu plaisantes sans doute : ce serait là un joli présent !

THÉODORE.

Non, mon frère, je parle sérieuse-ment, et je vais vous prouver que cet hommage ne sera pas du tout déplacé dans cette occasion. Ah, ma sœur! si tu avais vu la tendre inquiétude des deux moineaux, quand j'ai dérobé leurs petits ! comme ils cherchaient

par-tout le nid qui renfermait l'objet
de leur tendresse ! comme leurs cris
aigus peignaient bien leur douleur !

VIRGINIE.

Eh bien ! mon frère Charles se plaît
pourtant à tendre tous les jours de
nouveaux piéges à ces charmans oiseaux ; il prive, sans pitié, ces pauvres petits des appuis dont ils ont
grand besoin, et dont ils sont si tendrement aimés. Juge , mon frère ,
combien tu causes de peine à ces
moineaux que tu fais esclaves ! Beaucoup périssent dans tes volières , et ,
sans doute , ils meurent de chagrin
d'avoir été enlevés à leurs enfans.

CHARLES.

Ah , ma sœur ! si j'avais su tout le
mal que je faisais à ces petits oiseaux,
je n'aurais jamais tendu de filets ; car
tu sais bien que je ne suis pas méchant.

3

THÉODORE.

Quand j'eus pris le père et la mère, et qu'ils furent réunis à leurs petits, si vous aviez vu leur joie! Comme ils battaient des ailes autour d'eux! comme ils les comblaient de caresses! Ils me représentaient la bonté du cœur, et toute la tendresse que nos chers parens ont pour nous. Aussi, depuis ce jour, je n'ai plus tendu de piéges, dans la crainte de séparer des petits êtres aussi aimans. J'ai seulement gardé le nid que j'avais pris; je l'offrirai à papa, et je pense que le don de ce joli ménage ne pourra que lui être agréable.

VIRGINIE.

Ah, mon frère! j'en suis certaine.

CHARLES.

Et moi, je vais donner la volée à tous les oiseaux que j'ai pris, afin que les pères et mères puissent bien vîte aller retrouver leurs petits ; je vais aussi retirer mes *lacs*, et je les présenterai à papa, en lui exprimant combien je suis touché des soins et de la tendresse de ces petits oiseaux, dont il nous offre lui-même un exemple bien plus frappant.

VIRGINIE.

C'est très - bien, mon frère, cela prouve ton bon cœur ; et je m'en voudrais si j'en avais douté un seul instant ; mais moi, qu'offrirai-je à notre papa ? Eh bien ! puisque vous lui présentez des modèles de son amitié pour nous, je veux agir de même. Savez-vous bien ce que je lui offrirai de mon côté ?

THÉODORE.

Non. Dis-le-nous, ma sœur.

VIRGINIE.

Et moi aussi, je prends soin d'un joli petit ménage, tout aussi intéressant que celui des oiseaux dont vient de parler mon frère Théodore ; et le chef nous peint également toute l'amitié et la vigilance de notre cher papa : Je veux parler du beau *coq* que nous avons depuis long-tems.

CHARLES.

Comment ! tu veux offrir un *coq* ?

VIRGINIE.

Cela vous fait rire ? ah, mon frère ! vous n'avez jamais remarqué ses excellentes qualités ; mais moi, qui prends soin chaque jour de donner à manger à la petite famille, si vous saviez combien elle m'a intéressée ! Quand je leur porte leur graine, le coq, en bon père, appelle ses petits poulets, qui accourent vîte à sa voix ;

il les range autour de lui, il veille à
ce que tous aient part au repas, et
lui-même ne mange qu'après eux. Si
quelqu'étranger s'avance du côté de
la petite famille, le coq se met au-
devant d'elle, pour la protéger et la
défendre, et il s'exposerait à tout pour
la garantir. Or, ne fait-il pas alors
tout comme fait notre papa, lorsque
nous jouons sur l'herbe, et que des
méchans viennent nous troubler ?

THÉODORE.

C'est vrai ; et ma sœur a raison d'offrir à notre papa ce fidèle imitateur
de sa bienveillance pour nous. Je crois
que nos petites offrandes vaudront bien
le plus joli bouquet : qu'en penses-tu,
mon frère ?

CHARLES.

Du moins notre papa reconnaîtra
les sentimens qui nous ont guidés

dans nos choix , et nous tâcherons de lui exprimer combien nous savons qu'il a de droits à notre amour et à notre tendresse.

VIRGINIE.

Allons , mes frères , ne perdons pas de tems.

AIR : *Chantez , dansez.*

APPRÊTONS-NOUS à célébrer
La fête d'un aussi bon père ;
Heureux s'il veut bien agréer
De nos cœurs l'hommage sincère !
Offrons ce *nid* , ce *coq* , ces *lacs* ,
Pour fêter papa *Nicolas*.

BOUQUET

A une Grand'Mère.

Dans son printems, Maman eut tout l'effet
    Et les attributs d'une rose ;
    Le rapport en était parfait :
    C'était le mot, c'était la chose.
En l'admirant l'œil était satisfait,
Et le desir remontait à sa cause.
Pour s'en parer, l'été la fit œillet,
    Et Flore vit avec regret
    L'insensible métamorphose.
L'automne vint, et la fleur plus qu'éclose
Nous offre encor un séduisant bouquet
    Que de ses mains l'aurore arrose.
Elle n'est plus dans l'ordre des primeurs ;
    Mais son émail, son éclat émérite,
      Malgré le tems et ses rigueurs,
      Peignent la reine-marguerite,
      Dont la durée et les couleurs
      Forment le solide mérite,
      Et qui, quand son éclat la quitte,
Attache encor les regards et les cœurs.

~~~~~~

VERS

Présentés à une Mère, étant à sa toilette, par son Fils aîné, au nom de ses Frères et Sœurs. (1)

Dans les airs blanchissans, les oiseaux en-
        chanteurs
Célébraient à l'envi le réveil de l'aurore :
    Au moment heureux que ses pleurs,
En perles, en rubis, se changeaient sur nos fleurs
    Et les embellissaient encore ,
    J'arrangeais sans art ce bouquet ,
Digne par sa fraîcheur d'être votre parure :
Flore qui m'a surpris fourageant un bosquet,
M'a dit en souriant : « Ta Maman , je t'assure ,
» A d'autres ornemens , présens de la nature ,
» Bien plus chers à son cœur que la rose et l'œillet.
» Ah ! que j'aime à la voir, l'œil en pleurs et ravie,
» Son peignoir en désordre et ses cheveux flottans,
» Sur son sein à-la-fois presser tous ses enfans ,

---

(1) Il faut se rappeler qu'une dame romaine étalant se bijoux devant Cornélie, mère des Gracques, et lui témoignant un extrême desir de voir les siens, Cornélie fit venir ses enfans, et lui dit : Voilà mes bijoux.
~~~~~~

» Ivre de leurs baisers dont elle est embellie,

» Confondant ses regards dans leurs regards si
   doux !

» A sa simple toilette on croit voir Cornélie,

» Et tous les cœurs charmés devinent ses bijoux. »

~~~~~~~~~~~~~~~~~~~~~~~~~~~~~~~~~~~

COUPLET

D'un petit Enfant à sa Bonne-Maman, le jour de sa Fête.

Air : *Avec les jeux dans le village.*

Dans ce beau jour que chacun fête,
Si vous n'aviez que quatorze ans,
Maman, j'ornerais votre tête
Des plus belles fleurs du printems.
Mais laissons Flore à la jeunesse
Payer de fragiles tributs :
C'est à la main de la sagesse
A parer le front des vertus.

———————
~~~~~~~~~~~~~~~~~~~~~~~~~~~~~~~~~~~

VERS

Pour le lendemain d'une Fête.

L'HOMME, qu'en tout la raison détermine,
Par l'usage jamais ne doit être lié.
Une fois tous les ans on chomme Catherine ;
Mais tous les jours je fête l'amitié.

CHANSON

Pour la Fête d'une Mère.

AIR : *Réveillez-vous, belle endormie.*

C'EST l'amitié qui nous rassemble ;
Elle se plaît dans ce logis :
Chantons, répétons tous ensemble
L'aimable séjour qu'........

Je viens à Maman rendre hommage
Du tendre amour qu'elle a pour nous ;
Si ce devoir est un usage,
Nos cœurs trouvent qu'il est bien doux.

Recevez ces roses nouvelles
Des mains de la tendre amitié :
Toutes les offrandes sont belles,
Que le cœur offre de moitié.

De ces jardins c'est la parure,
L'image de nos sentimens :
Ah ! les présens de la nature
Sont les plus chers à ses amans !

Sous vos lois et sous votre empire
Nous coulons les jours les plus beaux :
Vous aimer et vous le redire,
Sont des plaisirs toujours nouveaux.

VERS

Présentés par une Orpheline à sa Mère
adoptive le jour de sa Fête.

Quand le ciel me donna la vie,
J'étais bien digne de pitié !
Vous m'avez prise en amitié,
Et me voilà digne d'envie.
Quel changement vous avez fait !
C'est une seconde naissance :
Hélas ! comment puis-je aujourd'hui
Égaler la reconnaissance ?

Un cœur sensible est le seul bien
Que m'ait accordé la nature ;
Des cœurs, vous en avez à choisir sans le mien ;
Mais du moins l'offrande en est pure.
Laissez-moi sur le vôtre attacher ce bouquet ;
Comme sur un autel, j'y porte mon hommage,
Et vous êtes pour moi, charmante Elisabeth,
De la Divinité la plus touchante image.
Quoi ! mon amour vous attendrit !
Quoi ! votre bouche me sourit !
Tendez-moi cette main si chère
Qui me protège et me défend.
Vous m'adoptez pour votre enfant :
Aurais-je mieux choisi ma mère ?

COUPLET

D'un petit Enfant à sa Mère.

AIR : *Heureux habitans des campagnes.*

Tout s'affaiblit dans la nature.
Nous voyons les plus belles fleurs,
Malgré les soins de la culture,
Perdre l'éclat de leurs couleurs.

Ma voix, Maman, n'est plus la même :
En vain voudrait-on me flatter :
Mais pour vous dire : je vous aime,
Je ne demande qu'a chanter.

ÉPITRE

Pour le jour de l'An.

LORSQU'AYANT terminé son cours,
L'astre qui répand la lumière
Va recommencer sa carrière,
Et que par de nouveaux secours,
Ranimant la nature entière,
Il vient a marche régulière,
Dans un nouveau cercle de jours,
Montrer sa face nourricière,
On voit au terrestre séjour
Trotter d'une ardeur singulière
Toute l'humaine fourmillière.
Chacun des mortels tour-a-tour,
L'un pour l'autre empressé de montrer son amour,
Fait à Janus son instante prière;
Il n'est enfant, homme fait, vieux barbon,
Qui, dans ce tems, commandé par l'usage,
N'aille adresser son oraison.
Le sot y court, aussi bien que le sage;

Et l'Univers est monté sur ce ton,
Or , comme en chaque état , par vice d'origine ,
   L'homme en tout suit sa passion ,
   Chacun en cette occasion ,
   Sur le penchant qui le domine ,
   Règle ses vœux et sa dévotion.
  Ainsi l'avare , amant-né des richesses ,
Va demander qu'en or Jupiter transformé ,
   Chez lui descende à point nommé ,
   Pour le combler de ses largesses ;
Le buveur , que Bacchus garnisse ses celliers
   De sa liqueur la plus chérie ;
L'usurier , que Cérès , pour lui seul adoucie ,
De ses riches moissons remplisse ses greniers :
Ennemi des hivers , le courtisan de Flore
Desire que Borée , en régnant sur ces bords ,
   Du moins épargne ses trésors ,
Et promet à ce prix un bouquet à l'Aurore.
A quoi les vœux humains ne s'étendent-ils pas !
Tel , aux fureurs de Mars livrant toute la terre ,
Cherche à se signaler dans les champs de la guerre ;
   Tel autre , dans sa chaise à bras ,
Souhaite avec ardeur pouvoir , sans embarras ,
   Passer sa vie à ne rien faire ;
   Même il voudrait pour ses repas
Que d'embonpoint et de graisse loties ,
   Les allouettes ici-bas
   Vinssent du ciel toutes rôties.
   Enfin , dans ce vaste Univers ,

Un chacun a des goûts divers,
Et d'après eux compose sa prière.
Mais qu'à ces fous desirs, fruits de sa vanité,
L'ambitieux donne carrière ;
Moi, dans les miens plus limité,
Des dieux, sur un seul point, j'implore la bonté.
Et pour mon bien et pour le vôtre,
Qu'ils vous accordent la santé,
Je les tiens quittes de tout autre.

~~~~~~~~~~~~~~~~~~~~~~~~~~~~~~~~~~~~

VERS

A une Sœur, en lui envoyant l'Almanach des Muses.

L'INÉGALE Phébé poursuivait sa carrière ;
D'un tranquille sommeil, je goûtais les douceurs ;
Apollon m'apparaît ceint d'un bandeau de fleurs ;
Son front etincelait d'un rayon de lumière,
Et je vois dans ses mains l'almanach des neuf
     Sœurs ;
« Si tu connais, dit-il, une jeune mortelle,
» Nymphe des bois, à qui l'œil enchanté
» Trouve toujours une grace nouvelle,
» Dont le maintien soit noble sans fierté,
» Qui semble née avec le don de plaire,
» Plus séduisant encor que la beauté ;
~~~~~~~~~~~~~~~~~~~~~~~~~~~~~~~~~~~~

» Et qui , sous les traits de l'auguste Junon ,
» Ait la simplicité d'une aimable bergère ,
» Porte-lui ce recueil de la part d'Apollon :
» Ce message t'honore autant qu'il m'intéresse ;
» Va , cours...» Je l'ai rendu , ma sœur , à son
adresse.

~~~~~~~~~~~~~~~~~~~~~~~~~~~~~

A UNE MADELAINE.

POUR être offerts
A Madelaine,
Puissent mes vers
Tracer sans peine
Ce que je sens !
Que mes accens ,
S'ils pouvaient dire
Ce qu'elle inspire ,
Seraient touchans !
Mais pour la peindre,
Que je dois craindre
Mes faibles chants !
Comment s'y prendre ?
Est-il pinceau
Qui puisse rendre
Un tel tableau ?
~~~~~~~~~~~~~~~~~~~~~~~~~~~~~

Il faut l'entendre !
L'apercevoir,
C'est déjà voir
Comme elle est tendre.
Pour ses enfans,
Que de tendresse !
Ses soins pressans
En sont sans cesse
Attendrissans.
Encor plus qu'elle,
Son ame est belle.
C'est à servir,
A secourir
Qu'elle s'employe ;
Et réussir,
Voilà sa joie.
Air noble et grand
Est son partage.
Chacun s'y prend,
Chacun s'y rend.
Sur son visage
Est la candeur.
Dans son langage,
Point de fadeur :
L'esprit y brille
Avec douceur.
D'un feu vainqueur
Son œil pétille,
Et peint son cœur.

~~~~~~~~~~~~~~~~~~~~~~~~~~~~~~~~

A UNE GABRIELLE.

———

D'un ange vous avez les talens et le cœur.
Ici finit le parallèle.
Un pur esprit n'a pas le physique enchanteur
Que l'on adore en Gabrielle.
Oh ! combien votre sort devrait être envié !
De Gabriel à vous la distance est étrange,
Et l'éloge complet d'un ange,
Du vôtre n'est que la moitié.

~~~~~~~~~~~~~~~~~~~~~~~~~~~~~~~~

COUPLETS

Pour la Fête d'une Sœur.

AIR : *Ne v'là-t'il pas que j'aime !*

La beauté passe et se flétrit ;
Son charme est illusoire.
Les dons du cœur et de l'esprit
Nous font chanter Victoire.

Sans artifice et sans apprêts,
Elle plaît sans le croire ;

La modestie et les attraits
Nous font chanter Victoire.

Heureux qui doit avoir un jour
Le bonheur et la gloire
D'obtenir le prix de l'amour,
En obtenant Victoire !

~~~~~~~~~~~~~~~~~~~~~~~~~

COUPLETS

Chantés par une Demoiselle le jour
de la Fête de sa Mère, en lui présentant une Pensée.

AIR : *L'Amour est un enfant trompeur.*

JE voulais faire des bouquets
  Pour Maman que j'adore,
Mais il n'en est point d'assez frais
  Dans les jardins de Flore.
Je voulais faire un compliment,
Mais c'est beaucoup pour un enfant ;
  Je n'ai rien fait encore.

Voyez un peu quel embarras !
  A quoi ce jour m'expose !
Pour des bouquets, je n'en ai pas :
  En refuser.... je n'ose !
~~~~~~~~~~~~~~~~~~~~~~~~~

Mais comment choisir une fleur ?
Tu surpasses par ta fraîcheur
  Et le lys et la rose.

De toi rien n'est digne en ces lieux,
  Et j'en suis désolée ;
Sans doute je m'y prendrai mieux
  A la prochaine année :
Mais pour preuve de mon amour,
Ah ! contente-toi dans ce jour
  D'une simple pensée.

COUPLET

D'un Enfant, pour célébrer à la fois la Fête de sa Mère et le jour où il est né.

A i r : *Avec les jeux dans le village.*

QUAND le sort, au jour de ta fête,
Me fit naître pour ton bouquet,
Il voulut faire un coup de tête :
Maman, j'ai surpris son secret.
Je suis la plante fortunée
Qui, pour toi cherchant à fleurir,
Doit te présenter chaque année
De nouveaux boutons à cueillir.

COMPLIMENS

COMPLIMENS EN PROSE

POUR DIVERSES CIRCONSTANCES

A un Bienfaiteur pour le féliciter d'un événement heureux.

Lorsqu'il s'agit de venir vous marquer la joie que je ressens du bonheur qui vous arrive, vous ne pouvez douter de la sincérité de mon cœur. Je me dis : c'est une suite naturelle des bénédictions célestes que sa bienfaisance a attirées sur lui ; et aussi-tôt je pense à tout le bien que je tiens de vous. Je ne sais quoi dit à mon cœur que, pour ma part, j'ai aussi contribué à votre félicité : ne suis-je pas aussi un des sujets de vos belles actions ? n'ai-je pas en conséquence été

H

une cause de l'attention que le rému-
nérateur souverain des vertus doit por-
ter sur vous? Ah! si, par mon exactitude à remplir mes devoirs, je pouvais
encore augmenter votre satisfaction,
j'aurais le double bonheur d'avoir
trouvé en vous un véritable père, et
en moi le cœur digne du fils le plus
tendre.

~~~~~~~~~~~~~~~~~~~~~~~~

A un Bienfaiteur qui vient de se marier,
devant sa nouvelle épouse.

Un petit Dieu, qui est un enfant
comme moi, mais avec qui je n'ai
pas encore fait connaissance, a porté
de tous côtés une nouvelle bien agréable : c'est qu'il avait réuni deux cœurs
que la nature avait formés l'un pour
l'autre. Cela, dit-on, ne lui arrive
pas souvent. Le pauvre enfant est
~~~~~~~~~~~~~~~~~~~~~~~~

aveugle et bien étourdi par-dessus le marché ! mais il rencontre quelquefois juste. Cette fois-ci il s'est avisé d'ôter son bandeau, et l'on ajoute qu'il n'en a pas moins été ardent à faire la bonne action qu'il méditait.

Moi, je ne sais pas trop ce que tout cela veut dire, mais je sais bien que je me suis beaucoup réjoui quand j'ai appris que vous étiez le plus heureux des hommes.

On m'a dit aussi, madame, que c'était vous qui aviez amené ce joli petit Dieu qui rend si heureux mon bienfaiteur. Mais vous ne savez pas ce qu'on dit encore : des méchans ont osé ajouter que le tems chasserait de chez vous ce bel enfant ; mais moi qui connais le bon cœur de.... (N.) et qui lis dans vos yeux combien vous êtes bonne vous-même, j'ai soutenu que vous ne souffririez jamais qu'on

fît chez vous la moindre peine à qui
que ce soit, et bien moins encore à
ceux qui vous ont fait quelque plaisir. Le petit Dieu restera, me suis-je
écrié ; il restera en dépit de tout le
monde!... Vous souriez! cela suffit ;
je vois qu'il est trop de vos amis pour
que les méchans aient raison contre
lui ; il aura, au contraire, la meilleure place de votre cœur.

Mais vous, madame, qui accueil-
lez avec tant de graces les pauvres
enfans qui viennent à vous, vous aurez donc aussi pour moi quelque amitié? Je ne suis, non plus, qu'un enfant : j'ai besoin d'un appui... Mais
que dis-je? j'avais un protecteur, et
maintenant j'en ai deux. Quand les
cœurs vertueux se réunissent, c'est
pour faire plus de bien encore qu'ils
n'en faisaient auparavant.

A un Père , le jour de sa Fête.

Il faut, mon cher Papa, que je vous fasse un petit aveu. J'avais appris un beau compliment qui ne signifiait pas grand'chose , ou que je ne comprenais pas du tout; et tout en me tourmentant pour le mettre dans ma mémoire, je me disais : C'est bien la peine d'apprendre si difficilement ce que je sais déjà si bien! Le compliment avait l'air de dire qu'un père est ce qu'il y a de plus respectable pour un enfant, et qu'on ne peut jamais l'aimer assez ; et il y en avait une grande page là-dessus. Bah! me suis-je dit, je pourrais exprimer tout cela en trois mots. Il faudra cependant le répéter tout entier, et prendre ensuite un beau baiser qui vaudra mieux que tout ce verbiage.

Eh bien, voyez, mon papa, je n'ai joué seulement qu'un petit peu, et j'ai oublié tout le compliment ; mais en revanche, je me suis bien souvenu du baiser.

~~~~~~~~~~~~~~~~~~~~~

A une Mère, au premier jour de l'An.

FABLE.

Le plus beau compliment que je puisse vous adresser, ma chère Maman, c'est de vous faire connaître que je n'ignore pas quel est le prix du cœur d'une mère : c'est vous apprendre en même-tems que le mien n'est pas ingrat ; et le bienfait qu'on sait apprécier, fait toujours la plus douce récompense du bienfaiteur. Ecoutez ma Fable.

Un jeune agneau, ennuyé de la
~~~~~~~~~~~~~~~~~~~~~

bergerie, voulut faire un voyage et parcourir la terre. Qu'ai-je à voir ici? disait-il ; toujours la même chose. Si par fois on me permet de sortir , on se garde bien de me laisser aller où je voudrais. Le berger veille sans cesse pour m'empêcher de faire ce qui me rendrait si heureux ; et souvent le chien même vient me mordre pour me faire rentrer dans le troupeau. Je suis las de cet esclavage ; il faut que je sois mon maître.

Il est vrai, mon fils, reprit la bonne brebis qui l'écoutait , qu'il est assez triste de ne jamais faire que la volonté des autres ; mais n'êtes-vous pas en sûreté ici ? n'êtes-vous pas au moins auprès de votre mère? Qu'irez-vous faire ailleurs, et qui vous servira de guide ?

Mon bonheur , répondit l'agneau : quand on ne fait que ce qui plaît , on fait toujours bien. Là - dessus la mère brebis lui fit une belle morale qu'il n'écouta pas : c'était une tête fort indocile.

Toujours occupé de son projet de liberté , il s'échappa une nuit que le berger , plus négligent que de coutume , avait laissé la porte entr'ouverte. Le voilà bien content ; il peut courir où bon lui semble. Le monde est grand , dit-il ; allons devant nous , et quelque part que j'arrive , le pays sera toujours nouveau pour un pauvre agneau qu'on a continuellement tenu en prison. J'y serais resté toute ma vie si j'avais écouté mère brebis. Elle a un fort bon cœur , mais pas le moindre courage , et elle voudrait toujours que je restasse avec elle , en agneau docile , comme si je n'étais pas déjà mouton , et qu'il ne fût encore tems pour moi de visiter le monde ! J'ai très - bien fait de n'écouter que ma raison.

Cet agneau si raisonnable eut d'abord quelque peur et très-froid; mais l'aurore ramena bientôt le soleil, et alors il se crut plus en sûreté, et ne songea plus qu'à jouir à sa tête. La rosée de la nuit brillait sur chaque brin d'herbe comme une multitude de petits diamans. Une prairie se trouvait là ; notre agneau y entra et y fit mille sauts joyeux, tout en mangeant tant et plus. La rosée ne vaut rien pour les moutons, et tout en prenant beaucoup de plaisir, l'agneau se préparait une belle maladie.

Quand il fut las de la prairie, le petit libertin voulut aller prendre son dessert dans un champ de blé voisin. Oui-dà ! dit le maître du champ qui l'aperçut, c'est pour vous qu'on travaille, mon bel ami ! Allons, César, va me recevoir ce petit drôle-là. César, qui était un gros chien de basse-cour, ne se le fit pas dire deux fois, et en quatre sauts il se trouva à portée de mordre les fesses du voyageur. Vous pensez bien qu'il ne restait pas là ; mais César courait mieux que lui ; et si son maître ne l'eût pas rappelé, il est probable qu'il en eût fait son déjeûner.

Les fesses en sang et tout haletant d'avoir couru plus qu'il ne voulait, l'imprudent agneau tomba sous un buisson et commença à regretter sa bonne mère. Tandis qu'il se livrait à ces réflexions un peu tardives, une demi-douzaine des enfans les plus polissons du village, le remarquèrent, et l'entourèrent en un instant. Ce fut à qui l'aurait : l'un le tirait par la tête, l'autre par la queue ; celui-là par une patte, et il restait dans la

main d'un autre une poignée de laine.
Le pauvre agneau se crut à son dernier
moment ; et sa mort entre les mains
de ces cruels n'eût pas tardé, si un
homme qui les aperçut, ne fût ac-
couru tirer le patient de leur puissance. Comment, dit-il, petits malheureux, avez - vous le courage de
faire souffrir ainsi cette pauvre bête ?
L'agneau le regarda d'un air qui avait
l'air de dire : ayez pitié de moi.
L'homme le caressa d'une main, et
de l'autre agitant l'air comme pour
frapper, il fit fuir la troupe d'enfans.
Qu'on déguerpisse, s'écria-t-il ; et il
resta effectivement seul.

Alors considérant l'agneau : Dia-
ble ! dit-il, il n'est pas maigre ! il
paraît n'avoir point de maître ; personne ne nous voit ; mettons-le dans
notre sac, et ce soir nous en ferons
un bon souper. Ça vous apprendra,

bel agneau , mon ami , à quitter le troupeau et votre berger. Le pauvre agneau n'avait pas besoin qu'on lui apprît combien il avait tort , son sort le lui apprenait assez ; il se désola , mais il n'en était pas moins dans le sac et sur le dos de l'homme.

Tiens , notre femme , dit ce dernier en jetant l'agneau sur la table , dépouille-nous ça , et prépare à manger ; tu garderas la peau pour faire un habit à Pierrot cet hiver. Pierrot fit un saut de joie , et demanda à jouer avec l'agneau jusqu'au moment où on le tuerait pour le mettre à la broche. Sa mère le lui permit , et Pierrot joua avec tant de délicatesse , que le pauvre agneau fut presque achevé.

Cependant , après s'être bien amusé à lui tirer les oreilles , ce qui était un fort joli plaisir , Pierrot se coucha sur l'herbe et s'avisa de dormir. L'agneau put

put enfin respirer. Tout-à-coup il lui vint à l'idée de se sauver ; il le pouvait, et le fit aussi-tôt. Il fut se cacher dans un petit bosquet voisin pour réfléchir à ce qu'il devait faire. Le plus sage parti eût été de retourner à la bergerie auprès de sa mère , qui n'avait pas cessé de bêler de douleur depuis qu'elle s'était aperçue de son absence ; il fut même sur le point d'en prendre la route. Mais il lui prit encore envie de voir le monde, et il s'imagina qu'en s'éloignant des hommes qui ne veulent pas qu'on mange le blé qu'ils ont semé , ou qui projettent de vous mettre à la broche , on pouvait vivre tranquille et heureux.

En réfléchissant aussi raisonnablement, il remarqua une forêt qui n'était pas très - éloignée ; il en tressaillit de joie, et il se mit en devoir d'y arriver. Avec un peu de prudence , il

I

évita les nouveaux malheurs qu'il aurait pu rencontrer. Quand il se vit sous le couvert des premiers arbres, il se crut sauvé, et commença à jouir ; il entra plus avant. La tranquillité la plus profonde régnait dans ces lieux ; on n'entendait que le chant des oiseaux, et les oiseaux ne sont pas animaux à épouvanter les moutons : l'herbe s'y trouve à souhait : avec la paix et la subsistance, que faut-il de plus ?

Pour plus grande sûreté, il s'enfonça dans une forêt de ronces et d'épines ; mais il sentit bientôt la nécessité d'en sortir, et il n'y réussit qu'en y laissant les trois quarts de sa laine. Bon ! ce n'est rien que cela, dit-il, j'en serai quitte pour ne plus chercher de pareils gîtes. La forêt n'en est pas moins le lieu qui convient le mieux à la gent moutonne.

Comme il était bien fatigué, il ne songea qu'à se reposer ; il s'endormit au pied d'un chêne. Dormez, dormez, imprudent agneau, le chien du berger ne veille pas ici pour vous, et votre réveil ne sera peut-être pas aussi agréable que vous pensez.

L'agneau se réveilla effectivement en sursaut ; et jugez quelle fut son épouvante, lorsqu'il vit la gueule béante d'un loup qui s'ouvrait pour le saisir ! sa terreur fut si grande, qu'il n'en put bêler. Il ferma les yeux pour ne point voir l'affreuse bête qui allait le dévorer. Le loup l'emporta dans un lieu propice, il le mit ensuite sous sa patte, et il lui dit en le considérant : Que vous avez bien fait, petit libertin, de quitter la bergerie ! sans cela j'aurais fait une bien pauvre chère.

En achevant cette belle consolation, il allait faire trois bouchées du

malheureux agneau, lorsqu'une meute
de chiens et une troupe de chasseurs se
firent entendre. Le loup fut aperçu ;
zeste ! on sauta sur lui , et il périt au
moment où sa gueule s'ouvrait cette
fois-ci à bon escient.

Heureusement pour l'agneau (heureusement ! je me trompe) , il ne sor-
tit de dessous la patte du loup que
pour entrer dans la gibecière du chasseur , qui dit que cela ferait diversion
sur la table avec le gibier.

Ah ! je vois bien qu'il faut que je
meure , dit l'agneau en se désolant de
nouveau ; je n'ai pas écouté ma mère ,
et j'en suis cruellement puni. Il se ré-
signa et se regarda pour mort.

Cependant le berger le cherchait ; il
le demanda aux chasseurs , qui , ayant
fait bonne chasse d'ailleurs , le lui ren-
dirent volontiers , mais en le lui jetant
presque au nez ; car les chasseurs ne

sont pas toujours gens fort polis; et l'on croyait que l'agneau n'existait déjà plus. Le berger le crut lui-même, et il dit en le regrettant : Il faudra bien que je le mange.

En attendant, il le jeta sur le fumier devant la porte de la bergerie. Sa mère ne l'eut pas plutôt aperçu, qu'elle accourut à son secours, et elle fit tant par ses soins et ses caresses, qu'elle le rappela à la vie ; elle ne lui fit point de reproches : il était assez malheureux, et n'avait garde d'oublier la terrible leçon qu'il avait reçue. Il respecta autant les conseils de sa mère la brebis, qu'il fut reconnaissant de ses soins.

Cette Fable fait voir qu'on ne retrouve nulle part le cœur ni la tendresse d'une mère ; et vous êtes bien persuadée, ma chère maman, que je n'ai pas besoin de l'exemple de

3

l'agneau pour m'attacher davantage à celle qui est si bonne et si tendre pour moi. Il me suffit de vouloir être heureux pour vous aimer de tont mon cœur.

———

MODÈLE

DE CORRESPONDANCE
POUR LES ENFANS.

LETTRE PREMIÈRE.

D'un Enfant en pension à ses Parens.

Mes chers et bons Parens,

Je regrette beaucoup les momens que j'ai passés près de vous, et je vous avoue que j'aspire après le jour qui m'y ramènera ; mais je me console, autant que possible, en travaillant de toutes mes forces ; je me dis, Mon cher papa et ma chère maman seront plus contens de moi; et même plus je serai long-tems sans les voir, plus j'apprendrai de choses, et plus je paraîtrai digne de leurs soins et de leur

4

tendresse. Vous voyez que je tâche de mettre à profit vos leçons ; je sais que j'en serai bien récompensé : vous avez des cœurs si bons et si sensibles ! Veuillez, je vous en prie, sacrifier quelques momens de loisir à votre fils : une petite lettre de vous de tems en tems doublera mon courage, et me rendra le plus heureux des enfans. J'ai conservé bien précieusement toutes celles que vous m'avez écrites ; je les ai mises par ordre de dates, et je les relis souvent ; ainsi vous voyez que vous devez augmenter mon recueil. En attendant qu'il m'en vienne une, je vais penser à vous de tout mon cœur, et faire des vœux pour que le ciel vous accorde une longue santé, et me conserve long-tems la tendresse qui jusqu'à présent a veillé sur tous mes jours. Je vous embrasse cent fois, mon cher papa ; je vous embrasse cent

fois aussi, ma bonne maman : n'ou-
bliez jamais

Votre tendre et très-respectueux
Fils ***.

~~~~~~~~~~~~~~~~~~~~~~

<div style="text-align:center">

LETTRE II.

</div>

*D'un Fils à sa Mère, en apprenant
que son Père est malade.*

Ma chère Maman,

Que la lettre que vous venez de
m'écrire m'a causé de douleur et me
donne d'inquiétude ! Quoi ! mon cher
papa est malade en ce moment ! votre
cœur sensible vous apprend certaine-
ment tout ce que votre fils souffre. Je
ne pourrai jouir d'une minute de re-
pos jusqu'à ce que je reçoive une meilleure nouvelle. Oh ! je vous en prie

<div style="text-align:center">5</div>
~~~~~~~~~~~~~~~~~~~~~~

de tout mon cœur, écrivez-moi aussi-
tôt qu'il vous sera possible ; je voudrais savoir à chaque instant ce qui
se passe. Encore si j'étais près de vous !
je ne vous serais peut-être pas très-
utile, mais au moins je partagerais
vos peines, je vous consolerais, ou
nous pleurerions ensemble. Ah ! si le
ciel écoute les vœux des enfans qui
aiment et respectent leurs parens, il
rendra bientôt à mon pauvre papa la
santé, et à toute sa famille la joie
qu'elle fera naître. Par pitié pour
votre fils, une lettre bien vîte ! et
puisse-t-elle m'apprendre que le meilleur des pères est rendu à tous ceux
qui le chérissent et l'adorent !

LETTRE III.

Du même à sa Mère, sur la Convales-
cence de son Père.

ENFIN, je respire ! je reçois votre lettre, ma chère maman, et je bénis le ciel du bonheur qu'il nous accorde en rendant la santé au père le plus aimé. L'inquiétude a fui loin de moi, et la joie me suit par-tout ; j'étudie mieux, et je joue avec plus de plaisir. Oh ! que ne le puis-je embrasser mille et mille fois, ce cher papa ! Je vous charge de ce soin, ma bonne et sensible maman ; et en vous en acquittant, vous lui direz que c'est de la part du plus tendre et du plus respectueux fils. Quand j'aurai le bonheur de vous voir, je vous rendrai avec usure tous les baisers que vous aurez donnés pour moi. Vous voyez que j'aime à payer mes dettes. J'aurai beau faire cependant, quelque fortement que je vous marque ma tendresse, il me semble qu'à cet égard je serai toujours loin de vous : c'est que vous nous aimez si bien ! Ah ! vous êtes la plus tendre et la meilleure des mères, et moi je suis le plus heureux des enfans !

LETTRE IV.

D'un Écolier qui a remporté un Prix.

CHER PAPA ET CHÈRE MAMAN,

JE m'empresse de vous apprendre que les exercices de l'année sont finis, et que j'ai eu le bonheur de remporter un prix. C'est un hommage de mon

travail que je vous offrirai quand j'irai
auprès de vous pour passer les vacances ; s'il m'est permis de le dire, c'est
un nouveau droit que j'ai acquis à
votre tendresse. Je sais bien que vous
m'en récompenserez ; car les progrès
que font vos enfans , sont de nouveaux sujets de joie pour vous; et c'est
moins parce que nous répondons à vos
bontés, que parce que nous nous met-
tons à même d'être plus heureux dans
un autre tems. C'est pour nous que
vous nous aimez ; aussi nous , de notre
côté , ne voudrions - nous travailler
que pour votre félicité et votre gloire.
Mon ambition est que vous puissiez
vous honorer de moi, comme d'un
ouvrage digne de vous. Le peu que je
vaudrai vous appartiendra entière-
ment ; car je devrai à vos soins ce que
je saurai, et à l'exemple des vertus
que l'on respecte en vous , celles qui

se développeront dans mon cœur. Je prie Dieu qu'il prolonge vos jours, et qu'il me rende digne de vos bénédictions dans tous les instans de ma vie.

~~~~~~~~~~~~~~~~~~~~~~~~~~~~

LETTRE V.

D'un Écolier à un de ses Camarades.

Mon ami, nous sommes en vacances depuis huit jours : nous nous amusons tant que nous pouvons ; et tu dois bien croire que les journées ne sont pas assez longues pour nous. Cela est si bon, après les tristes leçons du rudiment et de la syntaxe, et surtout après le grave et éternel mécontentement du régent ! Nous avons encore un grand mois pour rire, et il faudra bien que tu viennes rire avec nous. Décadi prochain c'est la fête de
~~~~~~~~~~~~~~~~~~~~~~~~~~~~

papa, ainsi prépare-toi à la célébrer
avec toute notre famille ; j'en ai de-
mandé la permission à maman ; car il
ne faut pas que papa sache tout cela ,
et elle m'a promis qu'elle ne manque-
rait pas de recommander à ta mère
de t'amener avec elle. Mes cousins
Paulin et Théodore seront de la par-
tie. Comme nous allons bien jouer ,
bien sauter et bien manger des fruits !
Je serai le maître ce jour-là , et je
veux que le poirier qui est au bout du
jardin n'ait plus le soir que les feuil-
les : ce sera pour me venger du jardinier Robert , qui , l'année passée , a
eu la malhonnêteté de ne pas vouloir
que je touche à ses belles pêches qui
n'étaient pas encore mûres. Nous irons
ensuite en bateau , mais nous ne nous
jeterons pas dans les fossés , car cela
terminerait fort mal la fête ; nous pren-
drons garde que maman ne nous voie ;

tu sais comme elle a peur : au premier coup de rame elle nous croirait perdus. D'ailleurs, Germain m'a promis de nous conduire. Te voilà averti : dispose-toi donc à passer trois jours entiers avec ton bon ami. A propos, il ne faut pas que j'oublie de te dire d'apprendre un compliment pour mon papa ; je t'envoie un petit livre où tu en trouveras à choisir. Adieu ; imagine quelque beau jeu qui soit tout neuf et qui ne nous ennuie pas au bout d'un quart - d'heure. O mon dieu ! si ta maman pouvait faire ensorte que ta vieille tante ne vienne pas, cela serait bien beau ! Tu sais, cette vieille tante qui n'est jamais contente de rien, qui veut toujours qu'on soit bien sage, et qui nous suivait dans le jardin en s'appuyant sur sa longue canne ? Fais-lui accroire qu'il pleuvra, qu'elle s'ennuiera, ou qu'elle est malade : ne va pas lui montrer ma lettre au moins, car nous serions perdus. Pour cette fois-ci, adieu.

Ton bon ami, etc.

P. S. Ah mon dieu ! maman a voulu lire ma lettre, et elle m'a fait rayer tout ce que je dis de l'aimable régent et de la jolie tante ; mais tu n'y perdras rien : en y regardant d'un peu près, tu liras tout ; j'ai rayé à côté, et ce sera tout comme si j'avais souligné, pour que tu remarques mieux... J'entends maman ; cachetons bien vîte pour qu'elle ne lise plus.

———

LETTRE VI.

Pour un jour de l'An.

CHER PAPA ET CHÈRE MAMAN,

J'aime ces jours où je répète ce que je vous ai dit cent fois, et ce que je pense toute l'année : ce n'est pas un devoir que je remplis, c'est un plaisir que je goûte. Oui, mes chers et bons parens, je vous aime de tout mon cœur, et le vœu le plus ardent que je forme, est pour votre bonheur. Je n'ose m'applaudir de ma conduite pendant toute l'année qui vient de s'écouler ; peut-être n'ai-je pas aussi bien fait que je le desirais : mais je vous prie de croire que les meilleures résolutions sont dans mon cœur pour l'avenir. Si vous pouviez m'écrire que vous n'êtes pas tout-à-fait mécontens de moi, ce seraient là de belles étrennes ; je les attends avec impatience , et je tremble de n'en être pas digne à vos yeux.

LETTRE VII.

D'un petit Enfant , pour le premier jour de l'An.

C'EST moi-même qui vous écris cette année ; je vous présente de mon écriture pour vos étrennes , persuadé que le peu de progrès que j'ai faits , vous causera plus de joie que tous les beaux complimens que je pourrais vous répéter ; j'ajouterai seulement que je fais au ciel les vœux les plus ardens pour la conservation de vos jours et de votre santé. Je serai bien sage ; aimez-moi toujours. Je vous embrasse de tout mon cœur , et suis votre tendre et et respectueux fils , etc.

LETTRE VIII.

D'un Enfant qui a mécontenté son Père, à sa Sœur, qu'il prie de le remettre en grace.

Ah, ma petite sœur ! si l'on pouvait envoyer des baisers dans une lettre, je t'en ferais passer mille pour te disposer en ma faveur. Tu sais que, par ma négligence, j'ai offensé notre papa. Toi qui te conduis si bien, et qui par conséquent as de l'empire sur son esprit, tu peux faire ma paix avec lui. Je t'en conjure, ma bonne sœur, parle pour moi; dis que je serai plus exact, et que je ferai mieux mes devoirs à l'avenir; promets tout, et je ferai tout ce qui me sera possible. Je suis bien sûr que si tu veux t'en mêler, tu attendriras d'abord maman, puis maman attendrira papa à son tour, et moi j'obtiendrai mon pardon. Je sais bien que tu vas dire que je suis un petit mauvais sujet ; ne le crois pas, ma sœur : va, je suis bien changé depuis quinze jours que tu m'as vu. Quand je retournerai à la maison, je te promets de ne plus prendre tes rubans pour lier les pattes du chat, ni ton fil pour mettre à mon cerf - volant, ni même de toucher aux bonbons qui sont dans la petite boîte d'écaille. Tu vois que je me corrige. Adieu, ma petite, ma bien bonne petite sœur : embrasse papa et maman ; fais-les rire, et puis tu parleras de moi.

LETTRE IX.

A un Protecteur, le premier jour de l'An.

CITOYEN,

Le créateur, en faisant fuir le tems et ramenant une nouvelle année, me rappelle naturellement à celui qui est ici-bas pour moi une image visible de sa bienfaisance, et m'offre enfin l'occasion d'exprimer hautement les vœux que j'ai formés chaque jour dans le secret de mon cœur. Je n'ai, en effet, que mes vœux pour m'acquitter de tous les bienfaits dont vous m'avez comblé jusqu'à ce jour, et leur sincérité égale la générosité de votre ame : mais ce ne sont que des vœux, et votre bienfaisance est sans cesse active ! cette réflexion que je fais continuellement,

m'apprend assez combien je suis encore loin de mériter tout ce que vous
faites pour moi. Croyez au moins que
si ma reconnaissance est toujours sté-
rile pour vous, rien ne pourra jamais
l'affaiblir, et qu'elle n'aura d'autres
bornes que celles de ma vie.

Je suis avec un profond respect,

Votre véritable serviteur, etc.

LETTRE X.

A un Tuteur qui entre dans ses droits.

CITOYEN,

Si quelque chose pouvait me consoler de la perte d'un père adoré et qui
méritait si bien de l'être, ce serait de
le voir remplacé pour moi par un
homme aussi respectable et aussi bon

que vous l'êtes. Tout en pleurant l'auteur de mes jours, je saurai au moins (s'il m'est permis de m'exprimer ainsi) que son cœur lui a survécu pour veiller à mon bonheur. De mon côté, je n'oublierai rien pour que mon respect et mon exactitude à remplir mes devoirs vous fassent reconnaître en moi un fils digne de vos soins paternels.

LETTRE XI.

D'un Enfant qui demande pardon à son Frère aîné, qu'il avait offensé.

Mon cher Frère,

Je vous ai offensé : je reconnais ma faute et desire en obtenir le pardon. Je sais combien votre cœur est bon, et ne doute point que ma faute n'en soit bientôt effacée. Ne craignez pas
cependant

cependant que cette générosité m'enhardisse à recommencer aussi-tôt que vous m'aurez pardonné ; elle ne me fera au contraire sentir que plus vivement mes torts envers un frère qui ne veut que me montrer une amitié vraiment fraternelle. Votre indulgence vous portera naturellement à rejeter mon inconséquence sur l'âge, et vous aurez raison, mon frère ; car il n'est jamais entré dans mon cœur un vrai desir de vous déplaire, et à peine ai-je eu fait le mal que je me reproche, que je me suis repenti. Voilà mes sentimens sincères ; je vous les expose avec d'autant plus de franchise, que j'ai besoin de savoir que vous m'avez tout pardonné , pour être tranquille et heureux.

K.

~~~~~~

LETTRE XII.

Sur la mort d'une Mère, par un Fils à son Père.

O mon cher papa ! combien nous sommes malheureux ! nous avons perdu la personne qui nous aimait le plus au monde ! Je ne la verrai plus, celle qui a tant souffert de peines pour moi ! Votre douleur vous apprend assez quelle est la mienne. Que ne puis-je répandre les larmes amères qui coulent de mes yeux auprès de vous, qui, maintenant, êtes mon unique appui ! Il me semble que mon cœur en serait un peu soulagé.

Ah ! s'il est une pensée qui puisse adoucir mon cruel tourment, c'est celle qui me fait voir ma pauvre mère
~~~~~~

en possession de la récompense qu'elle a méritée par tant de vertus ; c'est l'espérance qu'un jour je franchirai aussi les barrières de ce monde, et que j'aurai peut-être mérité d'être placé près d'elle dans le sein du Dieu tout-puissant, qui ne dépouille l'ame des justes de son enveloppe terrestre, que pour la faire briller d'une gloire qui n'aura point de fin. Oui, mon cher et respectable père, un jour nous serons réunis à cette femme excellente, et alors nos douleurs se transformeront en joie.

Pardon, oh ! mille fois pardon, si je déchire encore votre cœur, si je vous fais verser de nouvelles larmes ! Je voudrais vous consoler, et je ne puis que vous exprimer tout ce que je souffre. Ajoutez à la tendresse que vous avez pour moi celle que je trouvais dans le cœur de ma mère ; de

mon côté, je ferai tout mon possible
pour que mon amour et mon respect
rendent plus supportable la douleur
qui vous accable.

~~~~~~~~~~~~~~~~~~~~~~~~~~~~~~~~~~~~~~~

LETTRE XIII.

*En apprenant la Naissance d'une petite
Sœur.*

Quoi ! j'ai une petite sœur ! tant
mieux : puisque vous avez maintenant deux enfans, vous serez aimés
davantage. Je brûle de la voir. Si j'o-
sais vous le dire , vous devriez bien ,
mon cher papa et ma chère maman,
me faire donner une petite vacance ,
seulement de quatre à cinq jours : cela
ne serait pas bien long , et je travail-
lerais ensuite de manière à faire oublier cette courte interruption. Au
moins, je ferais connaissance avec
~~~~~~~~~~~~~~~~~~~~~~~~~~~~~~~~~~~~~~~

ma petite sœur. Je suis bien curieux de voir si elle ressemble à maman. O mon bon papa! un petit congé, pour que je me réjouisse mieux de cette heureuse naissance. Je suis bien sûr que ça fera plaisir à ma jolie petite sœur quand elle sera assez grande pour savoir comme un congé est précieux. J'attends votre réponse, et je compte beaucoup sur votre indulgence. Je vais travailler d'ici à ce tems-là à mériter que ma demande me soit accordée. Quoi qu'il en soit, je ne m'efforcerai pas moins de mériter votre tendresse, mon cher papa et ma chère maman, et de vous donner sujet de vous applaudir de vos soins pour votre tendre et respectueux fils.

———

~~~~~~~~~~~~~~~~~~~~~~~~~~~~~~~~~

LETTRE XIV.

D'un Écolier prêt à retourner chez ses Parens.

Enfin je vais donc vous revoir, mes chers et bons parens ! comme le peu de tems qui me reste encore à passer jusqu'à cet heureux instant me paraît long ! Je vais recevoir la récompense du travail d'une année ; je vais jouir de votre présence et de vos caresses. C'est maintenant que je m'applaudis des progrès que j'ai faits : toutes les peines que m'ont causées les difficultés de l'étude sont oubliées ; je ne vois plus que le plaisir d'avoir rempli votre espérance. Désormais près de vous, j'étudierai vos vertus, et votre exemple me les rendra plus belles
~~~~~~~~~~~~~~~~~~~~~~~~~~~~~~~~~

encore ; je les adopterai autant pour l'amour de vous que pour l'amour d'elles , et j'aurai la double satisfaction d'être meilleur et de vous ressembler.

~~~~~~~~~~~~~~~~~~~~~~

LETTRE XV.

D'un Enfant qui relève de maladie à ses Parens.

MES CHERS BONS PARENS,

Voilà quelque tems que je ne vous ai écrit ; ne croyez point cependant que ce soit l'effet de ma négligence : j'ai été malade , et la crainte d'alarmer , peut-être inutilement , votre sensibilité et de vous causer des inquiétudes , m'a fait garder un silence
~~~~~~~~~~~~~~~~~~~~~~

que je me reprochais. Je suis néan-
moins très - satisfait maintenant d'a-
voir tant tardé , puisque , grace à
Dieu , j'ai recouvré la santé , et que
je puis vous l'apprendre en même-
tems que ma maladie. J'ai été très-
bien soigné ici , et c'est ce qui m'a
encore affermi dans l'intention que
j'avais de ne point troubler votre tranquillité. C'était pourtant une très-
grande privation pour moi, que de
ne point vous voir à l'instant de ma
maladie. Pendant l'agitation de la
fièvre je vous avais sans cesse présens
à mon esprit , et il me semblait à
chaque moment que j'allais entendre
votre voix ; elle m'eût donné quelque courage pour souffrir ; celle de
ma bonne et sensible mère eût adouci
la violence du mal. Je ne desire plus
vous entendre que pour me réjouir
avec vous de l'éloignement du dan-

ger , et je ne fais plus qu'un souhait ;
c'est que vous jouissez d'une santé
semblable à celle que je possède ac-
tuellement.

FIN.

COMPLIMENS, CHANSONS ET PETITES SCÈNES pour le premier Jour de l'An.

Couplets

L

COMPLIMENS, COUPLETS ET PETITES SCÈNES
pour différentes circonstances.

COMPLIMENS EN PROSE

pour diverses circonstances.

3

FIN DE LA TABLE.

CATALOGUE

Des Livres d'éducation , d'utilité et d'agrément , qu'on trouve brochés à l'adresse qui est au titre de cet ouvrage.

LE Fablier des Enfans, contenant un choix de fables , au nombre de cinquante-trois , enrichi de notes grammaticales , mythologiques et historiques , par l'auteur de la Méthode amusante , volume in-12 orné d'une très - jolie gravure. Prix.   1 liv.

— Le même avec la figure coloriée , 1 liv. 5 s.

Fablier des Adolescens, 2 vol. in-18 , jolie édition.   1 liv. 10 s.

Histoire naturelle des quadrupèdes et reptiles , volume in-12 orné de 16 gravures en couleur , deuxième édition mise à la portée de la jeunesse.   2 liv. 10 s.

— Le même ouvrage , avec les figures en noir.   2 liv.

Nouvelle Bibliothèque des Enfans, contenant des historiettes morales suivies d'entretiens sur les sciences, vol. in-12.   1 liv. 10 s.

Encyclopédie des Enfans, ou Abrégé de toutes les sciences, vol. in - 12 avec figures et carte géographique.   2 liv.

Contes des Fées , contenant le Petit Chaperon-

Rouge, la Barbe-Bleue, le Petit-Poucet, vol. in-18
avec fig. en couleur à chaque conte ,   1 liv. 10 s.

— Les mêmes , avec les figures en noir.   1 liv.

— Les mêmes, avec une seule figure.   15 s.

Contes jaunes , par Fréville.   15 s.

Les Cent Pensées d'une jeune Anglaise , an-
glais-français , 1 vol. in-18. carte et fig.   1 liv.

Fables de la Fontaine , nouvelle et jolie édition , 2 gros vol. in-18 ornés de 36 jolies gravures.   2 liv. 10 s.

Fables d'Ésope , 2 vol. in-18. 36 gravures.
                                       2 liv. 10 s.

Jeux de cartes historiques , pour enseigner
aux enfans à connaître l'histoire de France et
Romaine.   3 liv.

Manuel du jeune Négociant , précédé d'un
traité facile d'arithmétique.   15 s.

Connaissance de la mythologie , par demandes
et réponses ; nouvelle édition , vol. in-12 bien
imprimé.   2 liv.

Vies des illustres modernes , vol. in-12.   2 l.

Lettres à Émilie sur la mythologie , nouvelle
édition revue et corrigée par l'auteur , 6 parties
in-8°. ornées de 37 gravures.   18 liv.

— Les mêmes, 6 parties in-18, avec le même
nombre de fig.   . 6 liv.

Leçons élémentaires de calcul décimal , vol.
in-12 , en parchemin.   1 liv.

Nouveau Syllabaire simplifié, in-12.   5 s.

Abrégé des Principes de la Grammaire Française , par Restaut , in-12.   15 s.

La Rhétorique de la Jeunesse , ou Cours de
Littérature française, 1 vol. in-12.   1 liv. 10 s.

Les Métamorphoses d'Ovide , 2 vol. in-4°.
oblongs , ornés de 138 fig. et titres gravés.   12 l.

———————

La petite Maison rustique , ou Cours théo-
rique et pratique d'Agriculture , 2 vol. in-8.°
ornés de 12 planches doubles et d'un frontispice,
gravé par les meilleures artistes.   12 liv.

Nouvelle Médecine domestique , tirée prin-
cipalement des végétaux de la France, au moyen
de laquelle on peut se traiter soi-même dans près
de 350 maladies , 2 vol. grand in-12.   5 liv.